民办高校内部控制
与风险防范研究

宋丽娟◎著

中国商务出版社

·北京·

图书在版编目（CIP）数据

民办高校内部控制与风险防范研究 / 宋丽娟著 .
北京 : 中国商务出版社 , 2024. 7. -- ISBN 978-7-5103-
5275-1

Ⅰ . G648.7

中国国家版本馆 CIP 数据核字第 2024VW1303 号

民办高校内部控制与风险防范研究

宋丽娟　著

出版发行：中国商务出版社有限公司

地　　址：北京市东城区安定门外大街东后巷 28 号　　邮　　编：100710

网　　址：http://www.cctpress.com

联系电话：010-64515150（发行部）　　　　010-64212247（总编室）
　　　　　010-64515210（事业部）　　　　010-64248236（印制部）

责任编辑：孟宪鑫

排　　版：北京嘉年华文图文制作有限责任公司

印　　刷：北京九州迅驰传媒文化有限公司

开　　本：710 毫米 ×1000 毫米　1/16

印　　张：15.5　　　　　　　　　　　字　　数：237 千字

版　　次：2024 年 7 月第 1 版　　　　　印　　次：2024 年 7 月第 1 次印刷

书　　号：ISBN 978-7-5103-5275-1

定　　价：79.00 元

前　言

　　随着我国教育体制改革的深入推进，作为教育体系的重要组成部分，民办高等教育的地位和作用日益凸显。然而，随着民办高校的快速发展，其内部控制与风险防范问题也逐渐暴露出来，成为制约民办高校健康、稳定发展的关键因素。因此，加强对民办高校内部控制与风险防范的研究，对提升民办高校管理水平和教育质量，具有十分重要的现实意义和理论价值。

　　内部控制是民办高校管理的重要组成部分，它涉及学校的财务、教学、科研、招生、就业等各个方面。有效的内部控制能够确保学校各项活动的合规性、合法性和有效性，防范和减少风险的发生。同时，内部控制也是保障学校资产安全、提高资源使用效率的重要手段。风险防范是民办高校在运营过程中必须面对的重要课题。随着竞争的加剧和教育环境的变化，民办高校面临着来自政策、市场、财务、法律等多方面的风险。这些风险不仅可能给学校带来经济损失，还可能影响学校的声誉和形象，甚至会威胁到学校的生存和发展。

　　通过对民办高校内部控制与风险防范的深入研究，我们可以进一步丰富和完善教育管理学、财务管理学等相关学科的理论体系，为相关领域的研究提供新的思路和视角。

目 录

第一章　民办高校内部控制概述

第一节　内部控制的基本概念

一、内部控制的定义与内涵

（一）概述

随着我国教育体制的不断改革和发展，作为教育体系中的重要组成部分，民办高等教育的运营和管理水平直接关系到教育质量的提升和学校的可持续发展。作为现代企业管理的重要手段，内部控制在民办高校中发挥着越来越重要的作用。

（二）民办高校内部控制的定义

内部控制是指一个单位为实现其经营目标，保护资产的安全完整，保证会计信息资料的正确可靠，确保经营方针的贯彻执行，保证经营活动的经济性、效率性和效果性，而在单位内部采取的自我调整、约束、规划、评价和控制的一系列方法、手续与措施的总称。对民办高校而言，内部控制不仅是管理的重要手段，也是保障学校稳健运行、防范风险的重要保障。

民办高校的内部控制主要包括以下几个方面：一是财务控制，即对学校的财务活动进行规范和管理，确保财务信息的真实性和准确性；二是教学控制，即对教学活动进行规划、监督和评价，确保教学质量和教学效果；三是行政控制，即对学校的行政管理工作进行规范和优化，提高行政效率和管理水平；四是风险控制，即对学校运营过程中可能出现的风险进行识别、评估和控制，确保学校的稳健发展。

（三）民办高校内部控制的内涵

民办高校内部控制的目标主要包括：保证学校各项活动的合规性，确保学校资产的安全和完整，提高学校运营效率，促进学校教学质量的提升，以及防范和化解运营风险。这些目标的实现需要内部控制体系的有效运行和不断完善。

民办高校在建立和实施内部控制时，应遵循以下原则：一是全面性原则，即内部控制应覆盖学校的所有业务和活动；二是重要性原则，即内部控制应重点关注学校面临的重大风险和关键业务；三是制衡性原则，即内部控制应在治理结构、机构设置及权责分配、业务流程等方面形成相互制约、相互监督的机制；四是适应性原则，即内部控制应随着学校内外部环境的变化而不断调整和优化。

民办高校的内部控制要素包括：控制环境、风险评估、控制活动、信息与沟通以及监督。控制环境是内部控制的基础，包括学校的治理结构、文化理念等；风险评估是对学校面临的各种风险进行识别和分析的过程；控制活动是对风险评估结果采取的具体控制措施；信息与沟通是确保内部控制信息在学校内部及时、准确传递的关键；监督是对内部控制实施情况进行检查和评价，确保其有效运行。

（四）加强民办高校内部控制的意义

加强民办高校的内部控制，对提升学校的管理水平、防范运营风险、保障教育质量具有重要意义。通过建立健全内部控制体系，可以规范学校的各项活动，确保资产的安全和完整；可以提高学校的运营效率，促进资源的合理配置；可以防范和化解运营风险，确保学校的稳健发展；推动学校教学质量的提升，增强学校的核心竞争力。

二、内部控制的发展历程与演变

（一）概述

作为组织内部管理和风险防控的重要手段，内部控制的发展历程与演变和组织的形态、规模、外部环境以及管理理念的变革密切相关。对民办高校而言，内部控制的发展不仅反映了学校治理结构的完善，也体现出了学校管理水平的提升和风险防范能力的增强。

（二）内部控制的初始阶段

在民办高校的初创时期，由于规模较小、管理结构简单，内部控制往往处于较为初级的阶段。此时，学校的内部控制主要依赖个别管理者或少数几个人的决策，缺乏系统化、规范化的控制体系。学校的运营和管理工作更多依赖个人经验和直觉，而非科学的管理方法和手段。

（三）内部控制的规范化阶段

随着民办高校不断发展壮大，管理层逐渐意识到内部控制的重要，开始着手建立规范化的内部控制体系。在这一阶段，学校开始制定一系列规章制度，明确各部门、各岗位的职责和权限，规范学校的运营和管理流程。同时，学校也开始加强财务管理和审计监督，确保财务信息的真实性和准确性。

（四）内部控制的完善与深化阶段

进入21世纪后，随着教育体制改革的不断深入和竞争的加剧，民办高校面临着更为复杂多变的内外部环境。为了适应这一变化，学校开始进一步完善和深化内部控制体系。在这一阶段，学校不仅加强了内部控制的制度建设，还注重内部控制的执行和监督。学校开始建立内部控制评价体系，定期对内部控制的有效性进行评估和反馈，及时发现并解决问题。

此外，随着信息技术的快速发展，民办高校也开始将信息技术应用于内部控制中。通过建立信息化管理系统，学校实现了对各项业务的实时监控和数据分析，提高了内部控制的效率和准确性。

（五）内部控制的创新与发展阶段

近年来，随着管理理念的不断更新和管理方法的不断创新，民办高校内部控制也进入了新的发展阶段。在这一阶段，学校开始注重内部控制与战略管理的结合，将内部控制作为实现学校战略目标的重要手段。学校开始构建以风险管理为导向的内部控制体系，通过对风险的识别、评估和控制，确保学校的稳健发展。

同时，学校也开始注重内部控制的文化建设。通过加强内部控制的相关宣传和培训，提高全体员工的内部控制意识和能力，形成全员参与、共同维护内部控制的良好氛围。

（六）未来发展趋势

展望未来，随着民办高校的进一步发展和管理水平的不断提升，内部控制将呈现出以下发展趋势：

内部控制将更加注重风险管理。学校将进一步完善风险识别和评估机制，建立健全风险防范和应对机制，确保学校的稳健发展。

内部控制将更加注重信息化和智能化。学校将进一步加强信息化建设，利用大数据、人工智能等先进技术提高内部控制的效率和准确性。

内部控制将更加注重与战略管理的结合。学校将把内部控制作为实现战略目标的重要手段，通过优化内部控制流程，提升内部控制效果，推动学校的可持续发展。

第二节 民办高校内部控制的特点

一、民办高校内部控制的特殊性

（一）概述

作为我国高等教育体系的重要组成部分，民办高校的运营和管理具有不同于公办高校的特殊性质。作为保障学校稳健运行和风险防范的重要手段，内部控制在民办高校中展现出其特殊性。

（二）民办高校内部控制的特殊性分析

民办高校与公办高校在资金来源上存在显著差异。公办高校主要依赖政府拨款，而民办高校则主要依赖学费收入、社会捐赠、企业合作等多渠道筹集资金。这种资金来源的多元性使得民办高校在资金使用上更加灵活，同时也增加了资金管理的复杂性和风险性。因此，民办高校在内部控制方面需要更加注重资金使用的合规性和效益性，确保资金的安全和有效利用。民办高校的组织结构和管理模式相较公办高校更加灵活和多样。由于民办高校的所有权与经营权相对分离，学校的治理结构通常包括董事会、校务委员会等多个层次，这使得决策过程更加复杂。同时，民办高校在管理模式上往往更加注重市场化和效率化，这使得学校在内部控制方面需要更加注重适应性和创新性，以适应不断变化的市场环境和教育需求。

教育质量是民办高校生存和发展的生命线，而声誉是民办高校吸引学生和获取社会资源的关键因素。因此，民办高校在内部控制方面需要更加注重教育质量的保障和学校声誉的管理。学校需要建立完善的教学质量监控体系，确保教育教学的规范性和有效性。同时，学校还需要加强对外宣传和信息披露，提升学校的知名度和美誉度。民办高校在运营过程中面临着多种风险，包括财务风险、市场风险、法律风险等。由于民办高校的资金来源和运营模式较为特殊，其风险管理和防范也呈现出独特性。学校需要建立完善的风险评估和管理机制，对各类风险进行识别、评估和监控。同时，学校还需要加强对内部控制的执行和监督，确保内部控制的有效性，以应对潜在的风险挑战。

（三）应对民办高校内部控制特殊性的策略建议

针对民办高校的特殊性，学校应加强对内部控制重要性的认识，将内部控制理念融入学校的文化中。通过举办内部控制培训、宣传内部控制知识等方式，提高全体员工的内部控制意识和能力，形成全员参与、共同维护内部控制的良好氛围。民办高校应根据自身特点和需求，建立完善的内部控制体系和制度，包括制定详细的内部控制流程、明确各部门的职责和权限、建立有效的信息沟通机制等。同时，学校还应加强对内部控制制度的执行和监督，确保制度的有效实施。

借助现代信息技术手段，民办高校可以加强内部控制的信息化建设和数据治理。通过建立信息化管理系统，实现对各项业务的实时监控和数据分析，提高内部控制的效率和准确性。同时，学校还应加强数据治理，确保数据的真实性、完整性和可用性，为内部控制提供有力支持。为了保障内部控制的有效性，民办高校可以引入外部审计和监督机制，通过聘请专业的审计机构对学校进行定期审计，发现内部控制存在的问题和不足，并提出改进建议。同时，学校还可以加强与政府、行业协会等外部机构的沟通与合作，共同推动内部控制水平的提升。

二、民办高校内部控制的复杂性

（一）概述

随着教育改革的不断深化和民办高校的快速发展，作为保障学校稳健运营和风险防范的重要手段，内部控制的复杂性日益凸显。民办高校的内部控制不仅涉及财务、教学、科研等多个方面，还受到外部环境、内部治理结构、人员素质等多重因素的影响。

（二）民办高校内部控制复杂性的表现

民办高校的业务活动涉及教学、科研、招生、就业等多个方面，每个方面都有其独特的内部控制需求。例如，教学方面，要关注教学质量和课程设置的合理性；科研方面，要注重科研项目的管理和经费使用的合规性；招生和就业方面，要关注招生信息的真实性和就业服务的有效性。这些多元化的业务活动使得内部控制的难度和复杂性大大增加。作为社会的一部分，民办高校的运营和管理受到外部环境的影响。政策变化、市场竞争、社会舆论等因素都可能对学校的内部控制产生重要影响。例如，政策调整可能导致学校的经费来源发生变化，进而影响到内部控制的重点和策略；市场竞争的加剧则可能要求学校加强内部控制，提高运营效率和管理水平。这些外部环境的复杂性和不确定性使得民办高校的内部控制更具挑战性。

民办高校的内部治理结构通常包括董事会、校长、中层管理人员等多个层次，各层级之间的权力关系和职责划分相对复杂。这种复杂的治理结构可能导致内部控制的责任分散和决策效率低下，甚至可能出现权力失衡和利益冲突的问题。因此，在构建内部控制体系时，需要充分考虑内部治理结构的复杂性和权力制衡问题，确保内部控制的有效性和公正性。内部控制的执行最终依赖学校员工的素质和执行力。然而，由于民办高校在人员招聘、培训和管理方面存在一定的局限性，可能导致员工在内部控制意识和能力方面存在不足。这种人员素质的差异可能直接影响内部控制的执行效果，使内部控制的复杂性进一步增加。

（三）应对民办高校内部控制复杂性的策略建议

针对民办高校的多元化业务活动和复杂的外部环境，学校应建立全面、系统的内部控制体系。该体系应涵盖学校的各个方面和层次，明确各部门的职责和权限，确保内部控制的连贯性和一致性。同时，学校还应根据外部环境的变化及时调整内部控制的策略和重点，以适应不断变化的市场需求和政策环境。内部控制的实施需要学校内部各部门的密切配合，因此，学校应加强内部沟通机制建设，促进各部门之间的信息共享和协作配合。通过定期召开内部控制工作会议、建立信息共享平台等方式，加强各部门之间的交流和沟通，提高内部控制的执行效率。

为了提升内部控制的执行力，学校应加强对员工的培训和教育。通过举办内部控制知识讲座、开展内部控制实践活动等方式，提高员工对内部控制的认识和理解。同时，学校还应建立激励机制，对在内部控制工作中表现突出的员工进行表彰和奖励，激发员工参与内部控制的积极性。为了确保内部控制的有效性和公正性，学校可以引入外部监督与评价机制。通过聘请专业的审计机构对学校进行内部控制审计和评估，发现内部控制存在的问题和不足，并提出改进建议。同时，学校还可以加强其与政府、行业协会等外部机构的交流与合作，共同推动内部控制水平的提升。

三、民办高校内部控制的灵活性

（一）概述

随着教育领域的不断变革和发展，作为教育领域的重要组成部分，民办高校的运营和管理面临着日益复杂和多变的挑战。在这样的背景下，内部控制的灵活性成为民办高校应对挑战、实现稳健发展的重要保障。内部控制的灵活性意味着学校能够根据实际情况和需求，灵活调整和优化内部控制体系，以适应外部环境和内部需求的变化。

（二）民办高校内部控制灵活性的内涵

内部控制的灵活性首先体现在其能够根据学校的发展阶段、业务特点以及外部环境的变化进行适应性调整。在发展过程中，民办高校的业务规模、组织结构、运营模式等都会发生变化，这就要求内部控制体系能够随之调整，以确保其有效性和适应性。同时，内部控制体系还应持续优化，不断提升其运行效率和管理效果，以适应学校发展的需要。

其次，灵活性表现在内部控制对风险的及时识别和应对能力上。民办高校在运营过程中，可能面临财务风险、教学风险、法律风险等多种风险的挑战。内部控制体系应具备敏锐的风险感知能力，能够及时发现潜在风险并采取相应的控制措施。此外，在突发事件或紧急情况下，内部控制体系应能够迅速响应，确保学校的正常运营和稳定发展。

最后，内部控制的灵活性体现在其创新驱动和持续改进的能力上。作为教育领域的创新者，民办高校的内部控制体系应具备创新意识和改进精神。通过引入新的管理理念和技术手段，不断改进和优化内部控制流程与方法，提高内部控制的效率和准确性，为学校的发展提供有力支持。

（三）民办高校内部控制灵活性的实现途径

为了实现内部控制的灵活性，民办高校应建立灵活的组织结构和决策机制。在组织结构方面，学校可以采用扁平化的管理方式，减少管理层级，提高决策效率。在决策机制方面，学校可以建立快速响应机制，对重大事项或紧急事件能够迅速做出决策并付诸实施。信息化建设是实现内部控制灵活性的重要手段。通过引入先进的信息技术和管理系统，学校可以实现对各项业务的实时监控和数据分析，提高内部控制的效率和准确性。同时，学校还应加强数据应用，通过数据挖掘和分析，发现内部控制存在的问题和不足，为改进和优化内部控制提供有力支持。

内部控制的实施最终依赖人的执行力和应变能力。因此，民办高校应重视对内部控制人才的培养和引进。通过定期的培训和教育活动，加强员工对内部控制的认识和理解，培养他们灵活应变的能力和创新意识。同时，学校还应积极引进具有丰富经验和专业技能的内部控制人才，为内部控制的实施提供有力保障。

（四）民办高校内部控制灵活性的意义与价值

内部控制的灵活性有助于提升民办高校的运营效率和管理水平。通过适应性调整和持续优化内部控制体系，学校可以高效地管理各项资源和业务活动，减少浪费和损失，提高整体运营效率。同时，灵活的内部控制体系还能够更好地应对外部环境的变化和内部需求的发展，进而提升学校的管理水平和竞争力。内部控制的灵活性对保障民办高校的稳健发展和风险防范具有重要意义。通过及时识别和应对潜在风险，学校可以有效避免或减少风险带来的损失和影响。同时，灵活的内部控制体系还能够根据学校的发展需求进行调整和优化，确保学校在快速变化的市场环境中保持稳健的发展态势。

内部控制的灵活性有助于推动民办高校的创新发展。通过引入新的管理理念和技术手段，学校可以不断创新内部控制体系和方法，提高内部控制的效率和准确性。这种创新精神和持续改进的态度将推动学校在各个方面不断进步，实现更好的发展。

第三节　内部控制在民办高校中的作用

一、保障学校资产的安全与完整

（一）概述

在民办高校的运营管理中，资产的安全与完整是学校稳健发展的基础。作为学校管理体系的重要组成部分，内部控制对保障资产的安全与完整具有至关重要的作用。

（二）保障学校资产安全与完整的重要性

学校资产是学校运营和发展的物质基础，包括教学设备、图书资料、校舍建筑等。保障资产的安全与完整，能够确保学校各项工作的正常进行，为师生提供良好的教学和学习环境。同时，资产的完整性和稳定性也是学校吸引优秀师资与生源的重要保障，有助于提升学校的整体竞争力。内部控制的缺失或不完善可能导致学校资产的流失和浪费。例如，缺乏有效的资产管理制度可能导致资产被盗、损坏或滥用，财务审批流程不规范可能导致资金被挪用或滥用。通过加强内部控制，学校可以规范资产管理流程，防止资产流失和浪费，确保学校资产的有效利用。

保障学校资产安全与完整是提升学校治理水平的重要体现。作为学校治理的重要手段，内部控制通过规范决策程序、强化监督与问责机制等方式，提升学校治理的透明度和有效性。一个治理水平高的学校，能够更好地保护师生权益，维护学校声誉，为学校的长远发展奠定坚实基础。

（三）在保障资产安全与完整方面存在的问题

部分民办高校对内部控制的重要性认识不足，缺乏完善的内部控制体系。一些学校管理者过于关注教学和科研等显性成果，忽视了内部控制在保障资产安全与完整方面的作用，这导致学校内部控制环节薄弱，难以有效应对资产风险。一些民办高校虽然建立了内部控制制度，但制度设计不够科学、合理，难以适应学校发展的实际需求。例如，资产管理制度不完善，可能导致资产采购、使用、处置等环节存在漏洞。

即使建立了完善的内部控制制度，如果执行不力，也难以发挥其应有的作用。一些民办高校在内部控制执行过程中存在形式主义、官僚主义等问题，导致制度形同虚设。同时，监督与问责机制不健全，也使得内部控制的执行效果大打折扣。

（四）保障学校资产安全与完整的措施

首先，学校管理层应深刻认识内部控制在保障资产安全与完整方面的重要性，将内部控制纳入学校整体发展战略。同时，通过培训、宣传等方式，加强全校师生对内部控制的认识和理解，形成全员参与内部控制的良好氛围。针对当前民办高校内部控制制度存在的问题，学校应结合实际情况，完善相关制度。例如，建立健全资产管理制度，规范资产的采购、使用、处置等环节；优化财务审批流程，确保资金使用的合规性和有效性。此外，学校还应加强内部控制制度的更新和修订工作，以适应学校发展的实际需求。

制度的生命力在于执行。学校应建立健全内部控制执行机制，确保各项制度得到有效落实。同时，学校还应加强内部监督与问责机制建设，对内部控制执行情况进行定期检查和评估，对违规行为进行严肃处理。此外，学校还应引入外部审计等机制，提升内部控制的透明度和公信力。在信息化时代，加强信息化建设是提升内部控制效率的重要途径。学校应利用现代信息技术手段，建立资产管理信息系统，实现资产信息的实时更新和共享。同时，学校还应通过数据分析和挖掘技术，发现内部控制存在的问题和不足，为改进和优化提供有力支持。

二、提升学校运营效率与效果

（一）概述

随着教育领域的竞争日益激烈，提高学校运营效率与效果成为民办高校面临的重要课题。作为学校管理体系的核心组成部分，内部控制对提升运营效率与效果具有至关重要的作用。

（二）在提高学校运营效率与效果中的作用

通过制定明确的业务流程和操作规范，内部控制使学校各项工作能够有序进行。这有助于减少工作中的随意性和不确定性，提高工作效率。同时，内部控制还能够优化资源配置，确保各项资源得到合理利用，从而提高学校的整体运营效率。内部控制体系能够帮助学校识别和评估潜在的风险，制定相应的风险应对措施。通过加强风险管理和监控，学校可以降低运营风险，减少因风险事件导致的损失。这有助于保障学校的稳健运营，提升运营效果。

通过提供准确、完整的财务信息和非财务信息，内部控制为学校的决策提供有力支持。这有助于提升决策的质量和效率，确保学校的发展方向与战略目标保持一致。同时，内部控制还能够促进学校内部的沟通与协作，形成合力推动学校的发展。

（三）提升学校运营效率与效果的实践路径

学校应建立完善的内部控制体系，包括财务控制、资产管理、教学管理等多个方面。学校要确保内部控制制度的科学性和合理性，使其能够适应学校的发展需求。此外，学校还应定期对内部控制制度进行评估和修订，确保其始终保持有效性。制度的生命力在于执行。学校应加大对内部控制制度的执行力度，确保各项制度得到严格执行。同时，要建立健全的监督和问责机制，对违反内部控制制度的行为进行严肃处理。这有助于形成全员遵守内部控制制度的良好氛围，提升学校的运营效率与效果。

信息化建设是提高内部控制效率的重要手段。学校应加强对信息技术的投入和应用，建立完善的信息化管理系统。通过信息化手段，可以实现内部控制的自动化和智能化，提高工作效率和准确性。同时，信息化建设还能够实现信息的实时共享和沟通，提高学校内部的协作效率。内部控制意识是确保内部控制有效执行的关键因素。学校应加强对员工的内部控制培训和教育，提高他们的内部控制意识和能力。同时，要建立健全的激励机制，鼓励员工积极参与内部控制工作。通过提升员工素质，可以确保内部控制工作的顺利开展，提升学校的运营效率与效果。

三、促进学校战略目标的实现

（一）概述

随着教育行业的竞争日趋激烈，学校必须明确并有效执行其战略目标，以确保持续发展和提升竞争力。作为学校管理体系的重要组成部分，内部控制对促进学校战略目标的实现具有至关重要的作用。

（二）在促进学校战略目标实现中的作用

内部控制的首要任务是确保学校战略目标的明确与一致。通过制定科学的内部控制制度，学校可以将战略目标分解为具体的业务目标和操作规范，使全校师生明确工作方向和目标要求。同时，内部控制还能够促进学校内部各部门之间的沟通与协作，确保各部门的工作与整体战略目标保持一致。内部控制体系能够帮助学校有效识别、评估和管理各种风险，从而保障战略目标的顺利实现。通过建立健全的风险管理机制，学校可以及时发现并应对潜在的风险，减少因风险事件导致的损失和影响。同时，内部控制还能够规范学校的业务流程和操作行为，降低因人为错误或疏忽导致的风险。

通过优化资源配置和利用效率，内部控制可以为战略目标的实现提供有力保障。通过制定科学的预算管理制度和资产管理制度，学校可以确保各项资源得到合理分配和有效利用。同时，内部控制还能够提高学校的财务管理水平和资金利用效率，为战略目标的实现提供充足的资金支持。内部控制体系能够为学校提供客观、准确的绩效管理和评估依据。通过制定科学的绩效考核指标和评估方法，学校可以对各部门和个人的工作绩效进行客观评价，激励优秀、鞭策后进。同时，内部控制还能够促进学校内部的持续改进和创新，推动战略目标的实现。

（三）促进学校战略目标实现的实践策略

学校应根据自身的实际情况和战略目标，建立健全的内部控制体系，包括制定完善的内部控制制度、建立科学的决策机制、强化内部监督与问责机制等。同时，学校还应注重内部控制体系的动态调整和优化，确保其始终与战略目标保持一致。内部控制文化是学校内部控制体系的重要组成部分，学校应注重培养全校师生的内部控制意识，加强内部控制文化的建设和传播。通过举办内部控制培训、开展内部控制宣传等活动，加强全校师生对内部控制的认识和理解，形成全员参与内部控制的良好氛围。

学校应加强对各类风险的识别、评估和管理，建立健全的风险管理机制。通过制定风险应对策略、建立风险预警系统等方式，提高学校对风险的应对能力和水平。同时，学校还应加强对风险事件的总结和分析，不断完善风险管理制度和措施。内部控制的执行效率直接影响到战略目标的实现效果，学校应加强对内部控制执行情况的监督和检查，确保各项制度得到有效执行。同时，学校还应利用现代信息技术手段，提高内部控制的自动化和智能化水平，提升内部控制的执行效率。

学校应建立有效的激励与约束机制，激发全校师生参与内部控制的积极性。通过制定科学的绩效考核制度、建立奖惩机制等方式，对在内部控制工作中表现突出的部门和个人给予表彰和奖励，对违反内部控制制度的行为进行严肃处理。这有助于形成全校师生共同参与内部控制的良好局面，推动战略目标的顺利实现。

第四节　内部控制的基本要素与框架

一、内部控制的五大基本要素

（一）概述

内部控制是组织为达到其运营目标、保障资产安全、确保财务报告的准确性和合规性，以及促进运营效率而采取的一系列措施和程序。对学校而言，建立健全的内部控制体系，确保其五大基本要素得到有效执行，是保障学校稳定运行、提升教育质量和实现战略目标的关键。

（二）五大基本要素

控制环境是内部控制的基础，它涉及学校的组织结构、管理层的管理理念、员工的道德观念和诚信度等。一个良好的控制环境有助于营造积极的工作氛围，促进员工自觉遵守内部控制制度，确保内部控制的有效性。

风险评估是内部控制的核心环节，它要求学校对面临的内部和外部风险进行识别、分析和评估。通过风险评估，学校可以了解自身面临的风险类型和程度，从而制定相应的风险应对措施，降低风险对学校运营的影响。

控制活动是确保内部控制目标得以实现的具体措施和程序，包括一系列政策和程序，如授权审批、会计系统、财产保全等。这些控制活动旨在规范学校的业务流程，确保资产安全，防止错误和舞弊行为的发生。信息与沟通是内部控制的重要支撑，其要求学校建立有效的信息系统，确保信息的准确、及时传递。同时，学校还应加强内部沟通，促进各部门之间的信息共享和协作，提高内部控制的执行效率。

内部监督是对内部控制体系的有效性进行持续评估和改进的过程。学校应设立独立的内部审计机构，对内部控制制度的执行情况进行监督和检查，发现问题及时报告并提出改进建议，确保内部控制体系的不断完善。

（三）在学校管理中的应用

学校应建立完善的组织结构，明确各部门的职责和权限，形成相互制约、相互协调的工作机制。同时，加强员工培训和道德教育，增加员工的内部控制意识和诚信度，营造积极向上的工作氛围。此外，管理层应树立正确的管理理念，关注内部控制体系的建设和维护，为内部控制的有效执行提供有力保障。学校应建立风险评估机制，定期对其面临的各类风险进行识别、分析和评估。通过风险评估，学校可以了解自身在教学、科研、管理等方面存在的风险，制定相应的风险应对措施，降低风险对学校运营的影响。同时，学校还要加强风险预警和监控，确保学校在面对突发风险时能够迅速响应并妥善处理。

学校应制定详细的业务流程和操作规范，明确各项业务的授权审批程序和会计处理方法。通过规范控制活动，学校可以确保教学、科研、财务等各项工作的有序进行，防止因操作失误或违规行为导致的风险。同时，加强对重要业务和关键环节的监督和管理，确保内部控制的有效性。学校应建立完善的信息系统，实现信息的快速传递和共享。通过加强内部沟通，学校可以促进各部门之间的协作和配合，提高管理效率。同时，学校还要建立有效的反馈机制，鼓励员工提出改进意见和建议，为内部控制体系的完善提供有力支持。

学校应设立独立的内部审计机构，对内部控制制度的执行情况进行定期检查和评估。通过内部审计，学校可以及时发现内部控制体系中存在的问题和不足，提出改进建议并督促相关部门进行整改。同时，学校还要加强对内部控制执行情况的考核和奖惩，确保内部控制体系的有效运行。

二、内部控制框架的构建原则

内部控制框架是组织为确保其运营目标得以实现、资产安全得以保障、财务报告准确可靠以及遵循相关法规而建立的一套系统化、规范化的管理机制。学校在构建内部控制框架时，需遵循一系列原则，以确保内部控制的有效性、合理性和可操作性。

（一）全面性原则

全面性原则要求内部控制框架涵盖组织的所有业务活动、部门和人员，确保内部控制的普遍性。在构建内部控制框架时，学校应充分考虑组织的整体运营情况和各部门之间的关联，确保内部控制措施能够全面覆盖各个业务领域和层级。

（二）重要性原则

重要性原则强调学校在构建内部控制框架时，重点关注重要业务事项和高风险领域，采取更为严格和精细的控制措施。通过对关键业务和风险点的深入分析和评估，制定有针对性的内部控制措施，以提高内部控制的效率。

（三）制衡性原则

制衡性原则要求学校在设计和执行的过程中，注重权力制衡和相互监督，防止权力滥用和舞弊行为的发生。通过合理设置岗位和职责，明确各部门和人员之间的权限和责任，形成相互制约、相互监督的工作机制，确保内部控制的有效执行。

（四）适应性原则

适应性原则强调内部控制框架应随着组织内外部环境的变化而不断调整和完善。学校在构建内部控制框架时，应充分考虑组织的战略目标、业务特点、管理要求以及外部环境的变化等因素，确保内部控制框架与组织的发展需求相适应。同时，学校应定期对内部控制框架进行评估和更新，以适应新的风险和挑战。

（五）成本效益原则

成本效益原则要求学校在构建内部控制框架时，权衡控制成本和预期效益之间的关系，确保内部控制的投入与产出相匹配。学校在制定内部控制措施时，应充分考虑其经济效益和可行性，避免过度控制导致资源浪费和效率降低。同时，学校还应注重内部控制的长期效益和整体效益，以实现组织的可持续发展。

（六）明确性原则

明确性原则要求内部控制框架中的各项控制措施和程序应清晰明确，且易于理解和执行。学校在制定内部控制措施时，应使用简洁明了的语言描述控制要求和操作流程，避免模糊和歧义。同时，学校应定期对内部控制框架进行培训和宣传，确保全体员工了解并遵守内部控制要求。

（七）灵活性原则

灵活性原则强调内部控制框架应具有一定的灵活性和可扩展性，以适应组织未来的发展和变化。学校在构建内部控制框架时，应充分考虑组织的未来发展战略和业务需求，预留一定的调整空间。同时，学校应注重内部控制框架与其他管理体系的衔接和协调，确保内部控制的连贯性和一致性。

（八）持续改进原则

持续改进原则要求内部控制框架是一个持续优化的过程，而非一成不变的固定模式。学校应定期对内部控制框架进行审查和评估，发现存在的问题和不足，及时采取措施进行改进和完善。同时，学校应关注行业最佳实践和新兴技术，积极引入先进的内部控制理念和方法，提升内部控制的水平和效果。

（九）合规性原则

合规性原则强调内部控制框架的构建符合相关法律法规和监管要求。在构建内部控制框架时，学校应充分了解并遵守国家法律法规、行业规范以及监管机构的指导意见，确保内部控制的合法性和合规性。同时，学校还应加强对内部控制法律法规的学习和宣传，提高全体员工的法律意识和合规意识。

（十）责任追究原则

责任追究原则要求内部控制框架明确各部门和人员在内部控制中的职责与权限，对违反内部控制要求的行为进行严肃处理。通过建立健全的责任追究机制，明确责任主体和追责程序，确保内部控制的有效执行和违规行为的及时纠正。

第二章　民办高校风险识别与评估

第一节　民办高校风险识别的方法与步骤

一、民办高校风险识别的常用方法

（一）概述

随着我国教育事业的蓬勃发展，作为高等教育体系的重要组成部分，民办高校的地位和作用日益凸显。然而，与公办高校相比，民办高校在资金、管理、教学等方面面临着更为复杂和严峻的风险。因此，有效识别民办高校风险，对保障其稳定健康发展具有重要意义。

（二）财务分析法

财务分析法是识别民办高校风险的基础方法。通过对学校的财务报表、财务指标以及财务状况进行全面、系统的分析，可以揭示出学校可能存在的财务风险。及具体来说，财务分析法主要包括以下几个方面：

资产负债表分析：通过分析学校的资产、负债和所有者权益的结构及变动情况，判断学校的偿债能力和资产运营效率。

利润表分析：通过对学校的收入、成本和利润进行分析，评估学校的盈利能力和成本控制水平。

现金流量表分析：分析学校的现金流入和流出情况，判断学校的资金流动性和支付能力。

通过财务分析法，可以及时发现学校可能存在的财务风险，为学校制定风险应对措施提供依据。

（三）专家调查法

专家调查法是一种借助专家经验和知识来识别风险的方法。在民办高校风险识别中，可以邀请具有丰富经验和专业知识的教育、财务、法律等领域的专家，通过座谈、问卷、访谈等方式，对学校可能面临的风险进行深入分析。专家调查法的优点在于其能够充分利用专家的专业知识和经验，提高风险识别的准确性和可靠性。然而，该方法也存在一定的局限性，如专家意见可能受主观因素影响，且成本较高。

（四）情景分析法

情景分析法是一种通过设定不同情境来模拟和预测风险的方法。在民办高校风险识别中，可以根据学校的发展战略、市场环境、政策变化等因素，设定多种可能的发展情景，并分析每种情景下学校可能面临的风险。情景分析法可以更加全面地了解学校可能面临的风险类型和程度，为制定风险应对策略提供有力支持。同时，该方法也有助于提高学校对未知风险的预见性和应对能力。

（五）故障树分析法

故障树分析法是一种通过构建故障树来识别和分析风险的方法。在民办高校风险识别中，可以将学校可能面临的各种风险作为故障树的顶事件，然后逐层分解出导致这些风险发生的直接原因和间接原因，形成故障树。通过对故障树的分析，可以找出导致风险发生的关键因素和潜在风险点，为制定风险防控措施提供依据。故障树分析法的优点在于其能够系统地识别和分析风险，揭示风险之间的内在联系。然而，该方法在构建故障树时可能较为烦琐，需要投入较多的时间和精力。

（六）风险矩阵法

风险矩阵法是一种将风险按照可能性和影响程度进行分类与排序的方法。在民办高校风险识别中，可以首先识别出学校可能面临的各种风险，然后评估每种风险发生的可能性和一旦风险发生可能造成的影响程度。根据可能性和影响程度的评估结果，将风险划分到不同的风险等级中，形成风险矩阵。通过风险矩阵法，可以直观地了解学校面临各种风险的相对大小和优先级，为制定风险应对策略提供指导。该方法简单易行，适用于对大量风险进行快速筛选和排序。

二、民办高校风险识别的具体步骤

（一）概述

随着教育市场的不断开放和竞争的加剧，作为高等教育体系的重要组成部分，民办高校的运营和发展面临着诸多风险。为了确保民办高校的稳健发展，风险识别成为一项重要的任务。风险识别是指通过系统的方法和技术，全面、准确地识别出民办高校在运营过程中可能面临的各种风险。

（二）准备阶段

风险识别工作应由一个专门的小组负责，该小组应由具有丰富经验和专业知识的教育、财务、法律等领域的专家组成。该小组的主要任务是制订风险识别计划、确定风险识别方法、组织风险识别活动等。风险识别小组应收集与民办高校运营相关的各类资料，包括学校的财务报表、规章制度、教学计划、市场分析报告等，这些资料将为风险识别提供重要的参考依据。

根据民办高校的实际情况和需要，风险识别小组应明确风险识别的范围，包括学校运营的各个方面，如教学管理、财务管理、招生就业、校园安全等。

（三）实施阶段

风险识别小组应综合运用财务分析法、专家调查法、情景分析法、故障树分析法、风险矩阵法等多种方法进行风险识别。这些方法可以从不同的角度揭示出学校可能面临的风险，提高风险识别的全面性和准确性。财务分析法主要通过分析学校的财务报表和财务指标，识别出学校在财务方面可能存在的风险；专家调查法通过邀请专家对学校的风险进行评估和判断，借助专家的专业知识和经验识别风险；情景分析法通过设定不同的发展情景，预测学校在未来可能面临的风险；故障树分析法通过构建故障树，找出导致风险发生的关键因素和潜在风险点。

在风险识别过程中，风险识别小组应重点关注学校的关键业务领域和环节，如招生、教学、科研、财务等，深入挖掘潜在的风险。同时，学校还应注意识别那些可能对整个学校运营产生重大影响的风险。对识别出的每个风险点，风险识别小组应评估其发生的可能性和一旦风险发生可能造成的影响程度，这可以通过定性和定量相结合的方法来实现，如使用概率—影响矩阵对风险进行评级和排序。

（四）整理与分析阶段

风险识别小组应将识别出的风险点进行整理，形成风险清单。风险清单应详细列出每个风险点的名称、描述、可能性和影响程度等信息，以便后续进行风险分析和应对。风险识别小组应进一步分析风险之间的关联性和相互影响，找出可能引发连锁反应的风险因素，以便其制定风险应对措施时能够综合考虑各种风险因素。

基于风险识别的结果，风险识别小组应制定相应的风险应对措施。这些措施应针对每个风险点提出具体的预防措施和解决方案，确保学校能够有效地应对和化解风险。

（五）反馈与持续改进阶段

风险识别小组应将风险识别的结果及时反馈给学校的决策层和相关部门，以便其全面了解自身的风险状况，并制定相应的风险管理策略。基于风险识别的结果，学校应制订详细的风险管理计划，明确风险管理的目标、任务、措施和时间表等，确保风险管理工作能够有序进行。

风险识别是一个持续的过程，学校应定期对风险识别工作进行评估和总结，发现存在的问题和不足，及时采取措施进行改进和完善。同时，学校还应关注新的风险因素和变化，及时调整风险识别的范围和方法，确保风险识别工作的有效性和时效性。

第二节　民办高校面临的主要风险类型

一、民办高校财务风险

（一）概述

随着教育市场的不断开放和竞争的加剧，作为高等教育体系的重要组成部分，民办高校的运营和发展面临着诸多挑战。其中，财务风险是民办高校需要特别关注和防范的风险之一。财务风险不仅会影响民办高校的稳健发展，甚至可能威胁到其生存。因此，对民办高校财务风险进行深入研究和探讨，对保障其健康、可持续发展具有重要意义。

（二）民办高校财务风险的主要类型

民办高校的资金来源相对单一，主要依赖学费收入、社会捐赠和政府补助等。然而，随着教育市场的竞争加剧和政策环境的变化，这些资金来源可能变得不稳定或不足。此外，民办高校在筹集资金时还可能面临融资成本高、融资渠道有限等问题，从而增加了资金筹集风险。

民办高校的运营风险主要来自教学管理、招生就业、校园安全等方面。例如，教学质量不达标、招生人数下降、安全事故频发等都可能导致学校声誉受损、收入减少，进而引发财务风险。为了扩大规模、提高竞争力，民办高校往往需要进行一系列的投资活动，如基础设施建设、师资队伍建设、科研项目投入等。然而，这些投资活动往往伴随着较高的风险，如资金回流慢、投资回报率不确定等，可能会给学校带来严重的财务压力。

（三）民办高校财务风险产生的原因

部分民办高校在内部管理方面存在诸多问题，如决策机制不健全、财务管理不规范、内部控制失效等。这些问题可能导致学校资金使用效率低下、资源浪费严重，进而增加财务风险。政策环境、市场环境和社会环境的变化都可能对民办高校的财务状况产生影响。例如，政策调整可能导致学校资金来源减少或成本增加，市场竞争加剧可能导致学校招生困难、收入下降，社会认可度低可能会影响学校的声誉和品牌形象。

（四）民办高校财务风险的防范与控制

民办高校应建立健全的决策机制、财务管理制度和内部控制体系，确保学校各项经济活动的合规性和有效性。同时，民办高校还应加强内部审计和监督，及时发现和纠正存在的问题，防范财务风险的发生。民办高校应积极拓宽资金来源，减少对单一资金来源的依赖，可以通过与社会企业合作、开展产学研合作、争取政府支持等方式，增加学校的收入来源。此外，学校还可以探索多元化的融资方式，如发行债券、引入战略投资者等，以满足学校发展的资金需求。

在进行投资决策时，民办高校应充分考虑投资项目的风险与收益，进行科学合理的风险评估和预测。同时，民办高校应制订详细的投资计划，确保资金使用的合规性和效益性。此外，民办高校应加强投资项目的监管和跟踪，及时发现和解决问题，避免投资损失。民办高校应建立财务风险预警机制，通过定期分析学校的财务状况、监测关键财务指标的变化等方式，及时发现潜在的财务风险。同时，民办高校应制定应急预案和应对措施，确保在风险发生时能够迅速、有效地进行应对和处置。

二、民办高校运营风险

（一）概述

随着教育市场的快速发展和竞争加剧，作为高等教育体系中的重要组成部分，民办高校的运营风险日益凸显。运营风险不仅关系到民办高校的稳健发展，还直接影响到其教育质量和声誉。因此，对民办高校的运营风险进行深入研究和探讨，对保障其健康、可持续发展具有重要意义。

（二）民办高校运营风险的主要类型

招生是民办高校运营的核心环节，然而，招生数量的波动、生源质量的下降以及招生政策的调整都可能给学校带来招生风险。招生不足可能导致学校收入减少，影响正常运营，而生源质量下降则可能影响学校的教学质量和声誉。教学质量是民办高校的生命线，然而，教学资源的不足、师资力量的薄弱以及教学管理的不规范都可能引发教学风险。这些问题可能导致学生满意度下降，进而影响学校的招生和声誉。

财务风险是民办高校运营中不可忽视的风险之一。资金短缺、成本控制不当、投资风险等都可能给学校带来严重的财务压力，甚至可能导致学校陷入经营困境。管理风险主要来自学校内部管理机制的不完善。决策失误、管理不善、内部控制失效等都可能导致学校运营效率低下，资源浪费严重，进而增加运营风险。

（三）民办高校运营风险产生的原因

部分民办高校在内部管理机制方面存在诸多问题，如决策机制不完善、管理制度不严谨、监督机制失效等，这些问题可能导致学校在运营过程中的各种风险无法得到有效控制和防范。

教育政策、市场需求、社会认知等外部环境的变化都可能对民办高校的运营产生影响。例如，政策调整可能导致学校运营策略需要调整，市场需求的变化可能影响学校的招生和就业，社会认知的差异可能影响学校的声誉和品牌形象。

（四）民办高校运营风险的防范与控制

民办高校应建立健全的决策机制、管理制度和监督机制，确保学校在运营过程中的各项决策、管理和监督活动都能够规范、有效地进行。同时，民办高校还应加强内部管理人员的培训和教育，提高其风险意识和风险管理能力。招生是民办高校运营的关键环节，因此，学校应加强招生宣传和市场营销工作，提高学校的知名度和美誉度。通过制定科学的招生策略、优化招生渠道、提高招生服务质量等方式，吸引更多的优质生源，降低招生风险。

教学质量是民办高校的核心竞争力，因此，学校应加大教学投入力度，提高教学质量和师资水平。通过引进优秀教师、加强教师培训、优化课程设置等方式，提高教学水平和学生满意度，降低教学风险。财务管理是民办高校运营的重要保障，因此，学校应建立健全的财务管理制度，加强成本控制和投资风险管理。通过制订科学的财务计划、加强资金监管、优化投资策略等方式，降低财务风险，保障学校的稳健发展。

为了及时发现和应对运营风险，民办高校应建立风险预警与应对机制。通过定期分析学校的运营状况、监测关键风险指标的变化等方式，及时发现潜在的运营风险。同时，民办高校还应制定应急预案和应对措施，确保在风险发生时能够迅速、有效地进行应对。

三、民办高校法律风险

（一）概述

随着教育产业的快速发展和法律法规的不断完善，作为高等教育体系的重要组成部分，民办高校的运营和发展面临着诸多法律风险。法律风险不仅关系到民办高校的稳健运营，还可能对其声誉和长期发展产生深远影响。因此，对民办高校的法律风险进行深入研究和探讨，对促进其依法办学、健康发展具有重要意义。

（二）民办高校法律风险的主要类型

民办高校在运营过程中涉及大量的合同关系，如与教职工签订的劳动合同、与学生签订的教育服务合同、与供应商签订的采购合同等。这些合同在签订、履行和解除过程中可能存在的法律风险，包括合同内容不合法、合同条款不明确、合同履行不到位等，可能导致学校面临违约、赔偿等法律责任。知识产权是民办高校的重要资产，包括专利、商标、著作权等。然而，在知识产权的申请、保护和使用过程中，民办高校可能面临侵犯他人知识产权或被他人侵犯知识产权的风险。此外，学校内部教职工和学生的知识产权保护和管理也可能存在法律风险。

招生和就业是民办高校的两大核心业务，然而这两个领域也存在诸多法律风险。例如，学校在招生过程中可能存在虚假宣传、违规承诺等行为，导致学生和家长权益受损；在就业方面，学校可能面临就业歧视、违规推荐等问题，引发法律纠纷。作为教育机构，民办高校应受到教育行政部门的严格监管。学校在办学资质、教学管理、收费标准等方面必须遵守相关法律法规和政策要求。然而，由于法律法规的复杂性和变化，学校在运营过程中可能因不了解或误解相关规定而面临行政处罚或法律纠纷。

（三）民办高校法律风险产生的原因

部分民办高校的法律意识淡薄，对法律法规的重视程度不够，导致其在运营过程中忽视法律风险的存在。这种情况可能源自学校领导对法律风险的认知不足，或者学校内部缺乏专业的法律人才和机构来识别并应对法律风险。一些民办高校在内部管理制度方面存在缺陷，如决策机制不透明、监督机制失效等，这些制度缺陷可能导致学校在运营过程中出现违规行为，从而引发法律风险。

另外，法律法规和政策环境的变化也可能导致民办高校面临法律风险。例如，国家对教育产业政策的调整、法律法规的修订等都可能对学校的运营产生影响。此外，市场竞争的加剧和社会对教育质量要求的提高也可能增加学校的法律风险。

（四）民办高校法律风险的防范与控制

民办高校应加强对学校领导和教职工的法律培训和教育，增强其法律意识和法律素养。通过普及法律知识、讲解法律案例等方式，使学校全体成员充分认识到法律风险的重要性。学校应建立健全内部管理制度，包括决策机制、监督机制、合同管理制度等。通过规范决策程序、加强监督检查、完善合同条款等方式，降低学校在运营过程中的法律风险。

学校应建立完善的知识产权管理制度，明确知识产权的申请、保护和使用流程。同时，学校还应加强对教职工和学生的知识产权教育和培训，提高其知识产权意识和保护能力。学校应严格遵守招生和就业相关法律法规和政策要求，确保招生宣传真实合法、就业推荐公平公正。同时，学校还应加强与相关部门的沟通协调，及时了解和掌握政策变化，避免因误解或违规操作而引发法律风险。

学校应定期对运营过程中的法律风险进行评估和识别，及时发现潜在的法律风险点。同时，学校还应制定应急预案和应对措施，确保在风险发生时能够迅速、有效地进行应对。

第三节　风险评估模型与指标体系

一、民办高校风险评估模型的构建

（一）概述

随着民办高校的快速发展，其运营和管理中面临的风险日益凸显。为了有效应对和降低这些风险，构建一套科学、合理的风险评估模型显得尤为重要。风险评估模型能够帮助民办高校识别、评估和控制潜在风险，保障其稳健运营和持续发展。

（二）风险评估模型构建原则

风险评估模型的构建应全面考虑民办高校的运营环境、内部管理、财务状况、法律环境等多个方面，确保模型的完整性和系统性。模型的构建应基于科学的方法和理论，运用数据分析和量化方法，确保评估结果的准确性和客观性。

风险评估模型应具有可操作性和实用性，能够为民办高校的决策者提供有效的参考依据，指导其制定风险防范和应对措施。

（三）风险评估模型构建流程

风险识别是构建风险评估模型的第一步，通过对民办高校的运营环境、内部管理、财务状况等进行深入分析，识别出可能存在的风险点。风险识别应全面、细致，尽可能涵盖所有可能的风险因素。

在风险识别的基础上，对识别出的风险进行分类和评估，根据风险的性质和特点，将其划分为不同的类别，如财务风险、运营风险、法律风险等。然后，运用定量和定性方法，对各类风险进行评估，确定其发生的可能性和影响程度。

根据风险评估结果，对各类风险进行权重赋值。权重赋值应基于风险的严重性和发生概率，确保高风险因素得到足够的重视和关注。

根据风险分类、评估和权重赋值结果，构建风险矩阵。风险矩阵是一个二维表格，横轴表示风险发生的可能性，纵轴表示风险的影响程度。将各类风险在风险矩阵中进行定位，形成直观的风险分布图。

根据风险矩阵和风险分布情况，制定相应的风险应对策略。策略制定应综合考虑风险的性质、影响程度和民办高校的实际情况，确保策略的有效性和可行性。

（四）风险评估模型的应用实践

民办高校应定期运用风险评估模型进行风险评估，及时了解和掌握学校的风险状况。通过定期评估，可以及时发现潜在风险，制定相应的防范措施，降低风险发生的可能性。同时风险评估模型还可以用于风险预警和监控，通过对风险指标进行实时监测和预警，可以在风险发生前或发生时及时采取应对措施，防止风险扩大和蔓延。

风险评估模型可以为民办高校的决策提供有力支持。通过评估不同决策方案的风险程度和影响程度，决策者可以选择风险最小、效益最大的方案，优化决策过程和结果。

二、民办高校风险评估指标的选择

（一）概述

随着民办高等教育事业的快速发展，其运营过程中面临的风险日益凸显。为了科学、系统地评估民办高校的运营风险，选择合适的风险评估指标显得尤为重要。这些指标不仅能够全面反映民办高校的风险状况，还能为风险管理和决策提供有力的依据。

（二）民办高校风险类型分析

民办高校的运营风险主要包括财务风险、运营风险、法律风险、市场风险等多个方面。财务风险主要涉及资金筹集、使用和管理等方面的问题；运营风险与学校的内部管理、教学质量、师资力量等紧密相关；法律风险主要涉及法律法规遵守、知识产权保护等问题；市场风险则与市场需求、竞争态势等外部因素密切相关。因此，在选择风险评估指标时，需要充分考虑这些风险类型的特点和影响。

（三）风险评估指标选择原则

在选择民办高校风险评估指标时，应遵循以下原则：

全面性原则：指标应能够全面反映民办高校的运营风险，涵盖财务、运营、法律、市场等多个方面。

重要性原则：指标应重点关注对民办高校运营影响较大的风险因素，确保评估结果的准确性和有针对性。

可操作性原则：指标应具备可操作性和可量化性，便于数据的收集、整理和分析。

灵活性原则：指标应具有一定的灵活性，能够根据民办高校的实际情况进行调整和优化。

（四）具体风险评估指标及其解释

基于上述原则，以下是一些建议的民办高校风险评估指标：

1.财务指标

资产负债率：反映学校资产和负债的比例关系，评估学校的偿债能力和财务风险。

流动比率：衡量学校短期偿债能力的指标，反映学校流动资产与流动负债的关系。

经费自给率：反映学校经费自给能力的指标，体现出学校运营的稳定性和可持续性。

2.运营指标

生师比：反映学校师资力量与学生数量的比例关系，评估教学质量和师资力量。

毕业生就业率：衡量学校毕业生就业情况的指标，反映学校教学质量和市场需求。

内部管理效率：评估学校内部管理水平的指标，包括决策效率、执行力等方面。

3.法律指标

法律诉讼率：反映学校涉及法律诉讼的频率和程度，以评估学校的法律风险。

知识产权侵权率：衡量学校在知识产权方面的风险情况，反映学校的知识产权保护能力。

4.市场指标

招生增长率：反映学校招生规模的变化情况，评估市场需求和竞争态势。

市场份额：衡量学校在市场中的竞争地位和影响力，反映学校的市场竞争力。

（五）风险评估指标的应用与实践

在选择合适的风险评估指标后，民办高校应将这些指标应用于实际的风险评估工作中。具体而言，可以采取以下步骤：

数据收集与整理：根据所选指标，收集相关数据和信息，并进行整理和分析。

指标计算与分析：利用收集到的数据，计算各项指标的具体数值，并进行分析和比较。

风险等级划分：根据指标分析结果，对民办高校的风险进行等级划分，明确不同风险级别对应的管理要求。

制定风险应对策略：针对不同级别的风险，制定相应的风险应对策略和措施，降低风险发生的可能性和影响程度。

三、民办高校风险评估指标体系的完善

（一）概述

随着民办高等教育的蓬勃发展，其运营和管理中面临的风险逐渐增多，建立完善的风险评估指标体系显得尤为重要。风险评估指标体系不仅有助于民办高校全面识别、评估和控制风险，还能为其稳健运营和持续发展提

供有力保障。

（二）风险评估指标体系的重要性

风险评估指标体系是民办高校进行风险管理的基础。一个完善的风险评估指标体系能够帮助民办高校全面、系统地识别运营过程中的各类风险，准确评估风险的性质和程度，为制定风险防范和应对措施提供科学依据。同时，指标体系还可以用于风险监控和预警，及时发现潜在风险，防止风险扩大和蔓延。此外，通过定期评估和分析指标体系中的数据，民办高校可以不断优化内部管理，提高运营效率，实现可持续发展。

（三）当前风险评估指标体系存在的问题

尽管许多民办高校已经建立了风险评估指标体系，但在实际操作中仍存在一些问题：

指标设置不够全面：现有指标体系往往只关注财务、运营等某几个方面的风险，忽视了法律、市场等其他重要风险领域，导致风险评估结果不够全面和准确。

指标权重不合理：不同风险指标在评估体系中的权重分配不合理，可能使得一些关键风险被忽视，而一些次要风险被过分强调。

数据收集和处理难度大：部分风险指标的数据收集和处理难度较大，需要投入大量的人力和物力资源，增加了评估工作的复杂性和成本。

缺乏动态调整机制：指标体系缺乏动态调整机制，无法及时反映民办高校运营环境的变化和风险状况的变化。

（四）完善风险评估指标体系的策略

针对上述问题，可以从以下几个方面完善民办高校风险评估指标体系：

拓展指标范围：在现有指标体系的基础上，进一步拓展指标范围，包括财务、运营、法律、市场等多个方面，确保风险评估的全面性和准确性。

合理分配指标权重：根据各指标对民办高校运营风险的影响程度和重要性，合理分配权重，确保关键风险得到足够的重视和关注。

简化数据收集和处理流程：优化数据收集和处理流程，利用现代技术手段提高数据收集和处理效率，降低评估工作的复杂性和成本。

建立动态调整机制：根据民办高校运营环境的变化和风险状况的变化，定期调整和优化指标体系，确保其适应性和有效性。

（五）具体完善措施

为了进一步完善民办高校风险评估指标体系，可以采取以下具体措施：

加强理论研究：深入研究民办高校的运营特点和风险类型，借鉴国内外先进的风险评估理论和方法，为指标体系的完善提供理论支持。

引入专家意见：邀请风险管理领域的专家参与指标体系的制定和完善工作，借助其专业知识和经验，提高指标体系的科学性和实用性。

开展实证研究：通过收集和分析民办高校的实际运营数据，验证指标体系的有效性和可靠性，为指标体系的调整和优化提供依据。

加强培训与推广：加强对民办高校风险管理人员的培训，提高其对风险评估指标体系的认识和应用能力；积极推广优秀的风险评估实践经验，促进民办高校风险管理水平的整体提升。

第四节　风险评估结果的分析与应用

一、民办高校风险评估结果的分析方法

（一）概述

在民办高校的运营过程中，风险评估是一项重要的工作。通过对各类风险因素的识别、评估和分析，可以给民办高校提供决策依据，帮助其规避风险、稳健发展，而风险评估结果的分析方法是评估结果准确、有效的重要保障。

（二）风险评估结果概述

风险评估结果是对民办高校各类风险因素进行量化分析和评估后得出的结论。这些结果通常以数据、图表等形式呈现，涵盖财务、运营、法律、

市场等多个方面的风险状况。通过对这些结果的分析，可以深入了解民办高校的风险分布、风险等级以及潜在风险点，为风险管理和决策提供有力支持。

（三）风险评估结果的分析方法

横向对比分析法是将民办高校的风险评估结果与同行业其他高校进行对比，以揭示民办高校在风险管理方面的优势和不足。通过对比，可以找出民办高校在哪些方面存在较大的风险隐患，以及哪些方面的风险管理水平较高。这种方法有助于民办高校定位自己的风险状况，制定有针对性的风险管理策略。纵向趋势分析法是通过对民办高校不同时间点的风险评估结果进行比较，分析风险的变化趋势。这种方法可以帮助民办高校识别风险的发展动态，预测未来可能出现的风险点，从而提前制定防范措施。同时，通过对比不同时间点的风险状况，还可以评估民办高校在风险管理方面的改进效果，为持续改进风险管理提供依据。

风险矩阵分析法是一种将风险发生的可能性和影响程度进行量化评估的方法。通过构建风险矩阵，可以将民办高校面临的风险划分为不同的等级，从而确定风险管理的优先级。这种方法有助于民办高校将有限的资源投入关键的风险领域，实现风险管理的有效性和高效性。因果分析法是通过对民办高校风险评估结果进行深入剖析，找出风险产生根本原因的方法。这种方法可以帮助民办高校从源头上解决风险问题，避免风险再次发生。同时，因果分析法还可以揭示风险之间的内在联系和相互影响，为制定综合性的风险管理措施提供依据。

（四）分析方法的应用与实践

在实际应用中，民办高校可以根据具体情况选择合适的分析方法或综合运用多种方法进行分析。例如，在年度风险评估报告中，可以采用横向对比分析法与同行业其他高校进行比较，了解自身在风险管理方面的优势和不足；结合纵向趋势分析法，分析风险的变化趋势，预测未来可能出现的风险点。此外，还可以运用风险矩阵分析法确定风险管理的优先级，利用因果分析法找出风险产生的根本原因并制定有针对性的防范措施。

在应用分析方法的过程中，民办高校还需要注意以下几点：一是确保评估数据的准确性和完整性，避免数据误差对分析结果的影响；二是结合实际情况进行灵活调整，不同高校的风险特点和评估需求可能存在差异，因此需要根据实际情况选择合适的分析方法；三是注重分析结果的实用性和可操作性，确保分析结果能够为风险管理和决策提供有价值的参考。

二、民办高校风险评估结果的应用范围

（一）概述

在民办高校的运营和管理过程中，风险评估是一项重要的工作。通过对各类风险因素的识别、评估和分析，民办高校能够深入了解自身面临的风险状况，从而制定相应的风险防范和应对措施。风险评估结果的应用范围广泛，涉及民办高校的多个方面。

（二）指导决策制定

风险评估结果为民办高校的决策制定提供了重要的参考依据。在制定学校的发展战略、规划项目投入、安排预算等方面，民办高校需要充分考虑各类风险因素。通过分析风险评估结果，民办高校可以了解哪些领域存在较大的风险隐患，哪些方面的风险可能对学校运营产生较大影响，从而有针对性地制定决策，减少风险带来的损失。

（三）优化资源配置

风险评估结果可以帮助民办高校优化资源配置。在资源有限的情况下，民办高校需要合理分配人力、物力和财力等资源，以确保学校的稳健运营。通过分析风险评估结果，民办高校可以明确哪些领域是风险高发区，需要投入更多的资源进行防范和应对；哪些领域风险相对较低，可以适当减少资源投入。这样，民办高校可以更加科学地配置资源，提高资源利用效率。

（四）完善内部管理机制

风险评估结果的应用可以促进民办高校完善内部管理机制。通过对风

险评估结果的分析，民办高校可以发现自身在风险管理方面存在的不足和漏洞，从而有针对性地完善相关制度和流程。例如，针对财务风险，民办高校可以加强财务审计和内部控制；针对运营风险，民办高校可以优化运营流程和提高运营效率。通过不断完善内部管理机制，民办高校可以降低风险发生的概率和影响程度。

（五）加强风险预警和监控

风险评估结果的应用包括加强风险预警和监控。通过对风险评估结果的定期分析和监测，民办高校可以及时发现潜在的风险隐患和异常情况，从而采取相应的措施进行防范和应对。同时，风险评估结果还可以用于建立风险预警系统，当风险指标超过预设阈值时，系统会自动发出预警信号，提醒相关人员及时关注和处理风险问题。

（六）提升风险应对能力

风险评估结果的应用有助于提升民办高校的风险应对能力。通过对风险评估结果的分析和总结，民办高校可以积累风险管理的经验，吸取相关教训，不断完善自身的风险应对机制。同时，风险评估结果还可以用于制订应急预案和演练计划，提高民办高校在突发事件和风险事件中的应对能力与处置效率。

（七）促进信息交流与沟通

风险评估结果的应用可以促进民办高校内部和外部的信息交流与沟通。在内部，风险评估结果可以作为各部门之间沟通和协作的桥梁，帮助各部门更好地了解学校的风险状况和管理需求，从而加强协作和配合。在外部，民办高校可以将风险评估结果向社会公众和相关机构进行披露和沟通，增强学校的透明度和公信力，同时也有助于吸引更多的合作伙伴和投资者。

（八）助力学校品牌建设

风险评估结果的应用有助于提升民办高校的品牌形象。一个能够有效管理风险、稳健运营的民办高校往往能够获得社会的认可和信任。通过积极应对风险、完善风险管理机制并公开透明地披露风险评估结果，民办高校可以展示其良好的治理能力和社会责任感，从而提升学校的品牌形象和声誉。

三、民办高校风险评估结果的反馈机制

（一）概述

在民办高校的运营和管理过程中，风险评估是一项重要的工作。通过对各类风险因素进行识别、评估和分析，民办高校能够了解自身面临的风险状况，并制定相应的风险防范和应对措施。然而，仅仅进行风险评估并不足以确保对风险的有效管理，还需要建立有效的反馈机制，将评估结果及时、准确地传达给相关人员，以便采取相应的行动。

（二）反馈机制的重要性

风险评估结果的反馈机制对民办高校的风险管理非常重要。首先，有效的反馈机制能够及时将评估结果传达给决策者和执行者，使其了解学校面临的风险状况，从而做出相应的决策和调整。其次，反馈机制有助于促进信息的流通和共享，加强各部门之间的沟通和协作，形成风险管理的合力。最后，通过反馈机制，民办高校可以及时获取员工和利益相关者的意见与建议，进一步完善风险管理制度。

（三）反馈机制的构建要素

在构建风险评估结果的反馈机制时，首先需要明确反馈的主体和接收对象。反馈主体通常是负责风险评估的部门或团队，接收对象则包括学校高层管理者、相关部门负责人、教职员工以及利益相关者等。明确反馈主体和接收对象有助于确保评估结果能够准确地传达给相关人员，并引发相应的行动。反馈内容应涵盖风险评估的主要结果、风险等级、潜在影响以及建议的应对措施等。反馈形式方面，可以采用书面报告、口头汇报、会议讨论等多种形式进行反馈。具体选择哪种形式应根据接收对象的需求和偏好进行确定，以确保信息能够得到有效传达。

反馈时机和频率的设定对保持反馈机制的有效性非常重要。一般来说，风险评估结果应在评估完成后及时进行反馈，以便相关人员及时了解风险状况并作出响应。同时，对重大风险或突发事件，应随时进行反馈以确保及时应对。此外，定期的风险评估结果反馈也是必要的，以便学校管理层全面了解风险管理的进展和效果。为确保反馈信息的畅通无阻，需要建立有效的反馈渠道和沟通平台，包括电子邮件、内部网站、会议系统等多种形式。通过这些渠道和平台，相关人员可以方便地获取评估结果信息，提出意见和建议，并进行交流和讨论。

（四）反馈机制的实施与保障

民办高校应成立专门的风险管理领导小组或委员会，负责统筹协调风险评估和反馈机制的实施工作。领导小组或委员会应明确各成员的职责和任务，确保反馈机制的顺利运行。通过培训、宣传等方式，提升员工对风险评估和风险管理的认识与重视程度。同时，加强员工在风险管理方面的技能培训，使其能够更好地理解和应对风险评估结果。

对未能及时、准确反馈风险评估结果或未能有效应对风险的情况，应建立相应的责任追究机制。同时，对在风险管理工作中表现突出的个人和团队，应给予适当的奖励和激励，以激发其积极性和创造力。民办高校应定期对风险评估结果的反馈机制进行评估和改进，以适应不断变化的风险环境和学校发展需求。评估内容可以包括反馈机制的运行效果、员工满意度、改进措施的有效性等方面。根据评估结果，及时调整和完善反馈机制，确保其持续有效运行。

第三章　民办高校内部控制环境建设

第一节　内部控制环境的构成要素

一、民办高校组织结构与权责分配

（一）概述

随着民办高等教育的蓬勃发展，作为教育体系的重要组成部分，民办高校的组织结构与权责分配问题日益受到关注。合理的组织结构和明确的权责分配是民办高校高效运转与持续发展的基础。

（二）民办高校的组织结构

民办高校的组织结构通常包括决策机构、执行机构和监督机构三个层面。

决策机构是民办高校的最高权力机构，通常由董事会或理事会担任。董事会或理事会负责制定学校的发展战略、审议重大事项、决定学校的重大投资等。其成员一般由学校的举办者、管理者、教职工代表以及社会贤达等组成，确保决策的科学性和民主性。

执行机构是民办高校日常运作的核心，主要包括校长、副校长以及各职能部门。作为学校的法定代表人，校长负责全面主持学校的行政工作，副校长协助校长分管各项具体工作。各职能部门如教务处、学生处、科研处等，负责各自领域的具体事务。

监督机构负责对民办高校的工作进行监督和评估，确保学校的运行符合法律法规和教育规律。监督机构包括教职工代表大会、学术委员会、纪检监察部门等。教职工代表大会代表教职工的利益，参与学校的民主管理和监督；学术委员会负责学校的学术评价和学术规范；纪检监察部门负责监督学校的党风廉政建设和反腐败工作。

（三）民办高校的权责分配

在民办高校的组织结构中，权责分配是确保各项工作有序进行的关键。合理的权责分配应遵循权责对等、分工明确、协调配合的原则。

作为民办高校的最高权力机构，决策机构拥有对学校重大事项的决策权，包括制定学校的发展战略、审议学校的预算和决算、决定学校的重大投资等。同时，决策机构还应对学校的运行情况进行监督，确保学校的各项工作符合法律法规和教育规律。执行机构负责民办高校的日常运作和管理。作为学校的法定代表人，校长拥有对学校行政工作的全面主持权，包括制定学校的规章制度、组织教学科研活动、管理教职工和学生等。副校长协助校长分管各项具体工作，确保各项任务得到有效执行。各职能部门则按照各自的职责范围，负责具体事务的处理和执行。

监督机构的主要职责是对民办高校的工作进行监督和评估。教职工代表大会应代表教职工的利益，参与学校的民主管理和监督，对学校的工作提出意见和建议。学术委员会应对学校的学术活动进行评价和监督，维护学术规范和学术道德。纪检监察部门应对学校的党风廉政建设和反腐败工作进行监督与检查，确保学校的运行廉洁高效。

（四）优化民办高校组织结构与权责分配的建议

民办高校应建立科学、民主、高效的决策机制，确保决策机构能够充分听取各方面意见，做出符合学校实际和发展需要的决策。同时，民办高校还应加强对决策执行情况的监督和评估，确保决策得到有效执行。

民办高校应进一步明确执行机构的职责范围和工作任务，确保各项工作得到有效落实。同时，民办高校还应加强对执行机构的考核和评价，激励其积极履行职责，提高工作效率。民办高校还应充分发挥监督机构的作用，加强对学校各项工作的监督和评估。监督机构应保持独立性和公正性，敢于发现问题、揭示问题，推动学校工作的改进和完善。

在民办高校的组织结构中，各部门之间应加强沟通协调，形成工作合力。通过建立健全的沟通机制和协作机制，确保信息畅通、资源共享、协同作战，推动学校各项工作顺利开展。

二、民办高校内部控制文化与价值观

（一）概述

随着民办高校的快速发展，作为学校管理的重要组成部分，内部控制日益受到重视。内部控制不仅涉及学校的财务管理、教学管理等方面，更与学校的文化建设和价值观塑造密切相关。

（二）内部控制文化与价值观的内涵

内部控制文化是指在学校内部形成的关于内部控制的共同理念、价值观和行为规范的总和，它体现了学校对内部控制的重视程度，影响着教职工对内部控制的认知和态度。内部控制文化具有潜移默化、持久稳定的特点，能够在学校内部形成强大的凝聚力和向心力。价值观是学校文化的核心，对内部控制具有导向和约束作用。正确的价值观能够引导教职工树立正确的内部控制意识，自觉遵守内部控制规范，从而保障学校的正常运行和健康发展。同时，正确的价值观还能够激发教职工的责任感和使命感，推动他们积极参与内部控制工作，共同维护学校的利益。

（三）构建内部控制文化与价值观的策略

学校应通过开展内部控制知识培训、案例分析等形式，加强对教职工的内部控制意识教育。通过教育，使教职工深刻认识到内部控制对学校发展的重要性，明确自己在内部控制中的责任和义务，从而形成全员参与内部控制的良好氛围。学校应根据自身实际情况，建立完善的内部控制体系，包括财务审批、教学管理、招生就业等各个方面的内部控制规范。通过制度的约束和规范，使教职工在日常工作中自觉遵守内部控制要求，形成良好的内部控制习惯。

学校应注重营造积极向上的内部控制氛围，通过举办内部控制知识竞赛、内部控制先进个人评选等活动，激发教职工参与内部控制的热情。同时，学校还应建立内部控制信息公开制度，及时公布内部控制工作的进展和成果，增强教职工对内部控制工作的信任和支持。

学校应明确并强化自身的核心价值观，如诚信、责任、创新等，并将这些价值观融入内部控制工作中。通过领导层的示范作用和优秀教职工的榜样力量，引导全校教职工形成正确的内部控制价值观。同时，学校还应加强对教职工价值观的培育和引导，帮助他们树立正确的世界观、人生观和价值观。

（四）内部控制文化与价值观的实践意义

通过构建内部控制文化与价值观，学校能够形成全员参与内部控制的良好氛围，增强教职工的内部控制意识。这有助于减少内部控制漏洞和风险，提升学校的内部控制水平，保障学校的正常运行和健康发展。内部控制文化与价值观的建设能够增强学校的凝聚力和向心力。当全校教职工都认同并遵守相同的内部控制理念和价值观时，就会形成一个团结、和谐、高效的团队，共同推动学校的发展。

通过加强内部控制文化与价值观的建设，学校能够展现出良好的管理水平和办学质量，提升学校的形象和声誉。这有助于吸引更多的优秀学生和教职工加入学校，推动学校的持续发展。

三、民办高校员工素质与专业能力

（一）概述

随着民办高校的蓬勃发展，员工队伍的建设与提升成为学校持续发展的重要支撑。员工素质和专业能力的高低直接影响到学校的教学质量、管理水平以及整体形象。因此，探讨民办高校员工素质与专业能力的提升策略，对推动民办高校的健康发展具有重要意义。

（二）民办高校员工素质的内涵与要求

员工素质是指员工在思想、道德、知识、能力等方面所具备的基本品质和特征。对民办高校而言，员工素质的内涵主要包括以下几个方面：

思想政治素质：员工应具备良好的政治觉悟和思想道德品质，忠诚于党的教育事业，热爱本职工作，具有高度的责任感和使命感。

职业道德素质：员工应遵守职业道德规范，诚实守信、廉洁自律，以身作则，为学生树立良好的榜样。

业务素质：员工应具备扎实的专业基础知识和较高的教育教学能力，能够胜任本职工作，不断提高自己的业务水平。

身心素质：员工应具备良好的身体素质和心理素质，能够应对工作中的各种挑战和压力，保持积极向上的精神状态。

（三）民办高校员工专业能力的构成与提升

专业能力是指员工在特定领域所具备的专业知识和技能，以及运用这些知识和技能解决实际问题的能力。对民办高校员工而言，专业能力的构成与提升主要包括以下几个方面：

教学能力：教师应具备先进的教学理念和方法，能够根据学生的特点和需求，灵活运用各种教学手段和教学资源，提高教学效果。同时，还应积极参与教学改革和研究，不断提升自己的教学水平和创新能力。

管理能力：管理人员应具备较强的组织协调能力和决策执行能力，能够合理规划学校资源，优化管理流程，提高工作效率。此外，管理人员还应注重团队建设，激发员工的工作热情和创造力。

科研能力：教师和管理人员都应具备一定的科研素养和创新能力，能够结合工作实际开展科研活动，推动学校的学科建设和学术发展。通过科研成果的转化和应用，为学校的教学和管理提供有力支持。

服务能力：员工应树立服务意识，关注学生和社会的需求，提供优质的教育服务和咨询服务。通过不断提升服务质量和效率，增强学校的社会声誉和影响力。

（四）提升民办高校员工素质与专业能力的策略

学校应建立完善的员工培训体系，针对不同岗位和员工的实际需求，开展有针对性的培训活动。通过定期举办培训班、研讨会等活动，提升员工的业务水平和专业技能。同时，鼓励员工参加国内外学术交流活动，拓宽视野，增强创新能力。学校应建立完善的激励机制和评价体系，激发员工的工作积极性和创造力。通过设立奖励制度、晋升渠道等方式，对优秀员工进行表彰和奖励。同时，建立科学的评价体系，对员工的工作绩效进行客观评价，为员工的晋升和发展提供依据。

学校应注重校园文化建设，营造积极向上、和谐融洽的工作氛围。通过举办各类文化活动、建立员工交流平台等方式，增进员工之间的沟通与协作，增强员工的归属感和凝聚力。良好的校园文化氛围有助于激发员工的工作热情和创造力，提升员工的整体素质和专业能力。

学校应积极引进优秀人才和资源，为提升员工素质和专业能力提供有力支持。通过招聘具有丰富经验和专业技能的优秀人才，为学校的教学和管理注入新的活力。同时，加强与国内外知名高校、研究机构的合作与交流，共享优质教育资源，提升学校的整体办学水平。

第二节 内部控制环境的现状分析

一、民办高校当前内部控制环境的优势

（一）概述

随着教育改革的不断深入和民办高校的快速发展，作为学校管理的关键环节，内部控制的重要性日益凸显。作为内部控制的基础和前提，内部控制环境对内部控制的有效实施具有至关重要的作用。

（二）内部控制环境的基本构成与重要性

内部控制环境是指影响、制约企业内部控制建立、加强或削弱的各种因素的总称，是实施内部控制的基础，它涵盖了学校的治理结构、组织架构、权责分配、文化氛围、员工素质等多个方面。一个良好的内部控制环境能够为内部控制的有效实施提供有力的保障，有助于提升学校的整体管理水平和风险防范能力。

（三）民办高校内部控制环境的优势分析

相较公办高校，民办高校在治理结构上更加灵活，能够根据学校实际情况和市场需求进行快速调整。这种灵活性使得民办高校在决策机制上更加高效，能够迅速应对外部环境的变化，及时调整内部控制策略。此外，民办高校的董事会或理事会通常具有较强的独立性和专业性，能够为学校的发展提供有力的战略指导。民办高校在组织架构设计上往往更加注重实效性和效率性，能够根据实际情况进行扁平化管理，减少决策层级，提高决策效率。同时，民办高校在权责分配上更加明确，各部门和岗位的职责权限清晰，有利于形成相互制约、相互监督的内部控制机制。这种高效的组织架构和权责分配有助于提升内部控制的执行力。

民办高校通常更加注重内部控制文化的建设，通过举办内部控制知识培训、开展内部控制宣传活动等方式，增强员工的内部控制意识和风险防范意识。这种积极的内部控制文化氛围有助于形成全员参与内部控制的良好局面，提升内部控制的整体效果。同时，民办高校还注重员工的职业道德教育和诚信教育，有助于培养员工良好的职业道德风尚和诚信意识，为内部控制的有效实施提供有力保障。

民办高校在招聘员工时通常更加注重其专业素质和综合能力，通过严格的选拔程序吸引和留住优秀人才，这些员工通常具备较强的学习能力和适应能力，能够迅速适应学校的发展需求和内部控制要求。同时，民办高校还要注重员工的继续教育和培训，不断提升员工的业务水平和专业能力，为内部控制的有效实施提供有力的人才支持。

民办高校在内部控制体系建设上通常更加注重系统性和完整性，能够根据实际情况建立覆盖全校的内部控制体系，该体系包括财务审批、教学管理、招生就业等各个方面的内部控制规范，能够确保学校各项工作的规范运行。同时，民办高校还要建立完善的监督机制，通过内部审计、外部审计等方式，对内部控制的执行情况进行监督和评价，及时发现并纠正问题。

（四）优势转化与进一步提升策略

民办高校应继续发挥其在治理结构上的灵活性优势，不断优化决策机制，提高决策效率和准确性。同时，民办高校应加强董事会或理事会的建设和作用的发挥，提高其战略指导水平和决策支持能力。民办高校应进一步完善组织架构设计，确保各部门和岗位的职责权限清晰、合理。同时，民办高校还应加强部门间的沟通与协作，形成合力，共同推动内部控制工作的深入开展。

民办高校应继续加强内部控制文化的建设，通过多种形式的活动和培训提高员工的内部控制意识和风险防范意识。同时，民办高校还应注重培养员工的职业道德风尚和诚信意识，营造风清气正的工作环境。民办高校应加大员工招聘和培训力度，吸引更多优秀人才加入学校。同时，民办高校还应注重员工的继续教育和专业发展，提高员工的业务水平和专业能力，为内部控制的有效实施提供有力保障。

民办高校应进一步完善内部控制体系建设，确保各项内部控制规范得到有效执行。同时，加强内部审计和外部审计的监督作用，及时发现并纠正问题，推动内部控制工作的持续改进。

二、民办高校当前内部控制环境的不足

（一）概述

随着民办高校的快速发展，作为学校管理的关键环节，内部控制的重要性日益凸显。然而，当前民办高校在内部控制环境方面仍存在一些不足，这些不足制约了内部控制的有效实施，影响了学校的整体管理水平和风险防范能力。

（二）内部控制环境的基本构成与重要性

内部控制环境是内部控制体系的基础和核心，它涵盖了学校的治理结构、组织架构、权责分配、文化氛围、员工素质等多个方面。一个良好的内部控制环境能够为内部控制的有效实施提供有力的保障，有助于提升学

校的整体管理水平和风险防范能力。因此，对民办高校而言，建立健全的内部控制环境至关重要。

（三）对民办高校内部控制环境的不足进行分析

部分民办高校的治理结构存在缺陷，董事会或理事会的职能发挥不充分，缺乏独立性和专业性。这往往导致学校在决策过程中受到个人意志或利益集团的影响，决策机制不够科学、民主。此外，一些学校还存在权力过于集中、监督制衡机制不健全等问题，使得内部控制难以得到有效执行。部分民办高校的组织架构设计不够合理，部门设置繁多、职能重叠，导致工作效率低下、资源浪费。同时，学校在权责分配方面也存在不足，一些关键岗位的职责权限不够清晰，容易出现责任推诿、相互扯皮的现象。这种权责不清的情况使得内部控制难以落到实处，进而影响学校的整体管理。

一些民办高校对内部控制文化建设的重视程度不够，缺乏相应的宣传和培训机制。这导致员工对内部控制的重要性认识不足，缺乏自觉遵守内部控制规范的意识和习惯。同时，民办高校的员工队伍素质参差不齐，一些员工缺乏必要的专业知识和技能，难以胜任内部控制工作的要求。部分学校对员工的培训和教育投入不足，导致员工的专业能力和综合素质难以得到有效提升，这种人才短板制约了内部控制的有效实施，影响了学校的整体发展。

部分民办高校的内部控制体系建设存在不足，缺乏系统性、完整性和科学性。一些学校虽然建立了内部控制规范，但往往只是形式上的应付，缺乏实际执行力和可操作性。同时，学校的监督机制也可能会失效，导致内部审计和外部审计的作用发挥不充分，难以发现和纠正内部控制中存在的问题。

（四）改进策略与建议

民办高校应建立健全董事会或理事会的运作机制，确保其独立性和专业性。同时，加强决策过程的民主化和科学化，充分听取各方意见，避免个人意志或利益集团对决策的影响。此外，民办高校还应建立权力制衡机制，加强监督作用，确保内部控制的有效执行。民办高校应合理设计组织架构，精简部门设置，明确职能分工。同时，民办高校还应加强关键岗位的权责分配，确保职责权限清晰、合理。通过优化组织架构和权责分配，提高学校的工作效率和管理水平。

民办高校应注重内部控制文化的建设，加强内部控制规范的宣传和培训。通过举办内部控制知识竞赛、开展内部控制宣传周等活动，提高员工对内部控制的认识和重视程度。同时，民办高校还应加强员工的职业道德教育和诚信教育，培养良好的职业风尚和诚信意识。

民办高校应加大员工招聘和培训力度，吸引更多优秀人才加入学校。同时，注重员工的继续教育和专业发展，通过定期培训和学习交流等活动，提升员工的业务水平和综合能力。通过建设高素质的员工队伍，为内部控制的有效实施提供有力保障。民办高校应建立健全内部控制体系，确保各项内部控制规范得到有效执行。同时，加强内部审计和外部审计的监督作用，定期开展内部控制检查和评估，及时发现并纠正存在的问题。通过完善内部控制体系和监督机制，推动学校内部控制水平的不断提升。

第三节　优化内部控制环境的策略

一、完善组织结构与权责体系

（一）概述

随着民办高校的快速发展，其管理水平和运营效率成为制约其进一步发展的关键因素。作为学校管理的基础和核心，组织结构与权责体系的完善程度直接关系到学校的整体管理水平和风险防范能力。因此，完善组织结构与权责体系成为提升民办高校管理水平的关键举措。

（二）组织结构与权责体系的重要性

组织结构是学校内部各部门、岗位之间的关系和层次结构，它决定了信息的传递和决策的流程。权责体系则是明确各部门、岗位的职责和权力，确保各项工作有序进行。一个合理的组织结构与权责体系能够使学校各部门之间协调配合，提高工作效率，减少决策失误，从而推动学校的健康发展。

（三）当前民办高校组织结构与权责体系的不足

尽管许多民办高校在组织结构与权责体系方面取得了一定的成效，但仍存在一些不足。具体表现在以下几个方面：

一些民办高校的组织结构过于复杂，部门设置繁多，层级过多，这不仅导致信息传递不畅，决策效率低下，还容易造成资源浪费和职责推诿。部分民办高校的权责划分不够明确，一些部门或岗位的职责存在交叉重叠的情况，这不仅容易造成工作重复和资源浪费，还可能导致责任不清，互相推诿。一些民办高校的决策机制过于集中，缺乏民主性和科学性，在决策过程中，往往缺乏充分的讨论和论证，容易受到个人意志或利益集团的影响。

（四）完善组织结构与权责体系的策略

针对当前组织结构与权责体系的不足，民办高校可以从以下几个方面进行完善：

民办高校应根据自身发展需要和实际情况，精简组织结构，减少不必要的部门和层级，通过优化层级设置，减少决策层级，提高决策效率和执行力。同时，加强部门之间的协调与沟通，确保信息畅通，工作有序。学校应制定详细的职责说明书，明确各部门、岗位的职责和权力范围，通过明确权责划分，避免职责交叉重叠和推诿现象的发生。同时，民办高校还应建立相应的考核机制和问责制度，确保各部门、岗位能够认真履行职责，提高工作效率。

民办高校应建立科学的决策机制，充分发扬民主，广泛听取各方意见。在决策过程中，应注重数据的收集和分析，加强决策的科学性和合理性。同时，民办高校还应建立决策反馈机制，及时对决策效果进行评估和调整，确保决策的正确性和有效性。学校应加强内部各部门之间的沟通与协调，形成工作合力。通过建立定期沟通机制、加强信息共享和协作配合等方式，促进各部门之间的理解和支持，提升工作效率和整体绩效。

学校应建立完善的监督与考核机制,对各部门、岗位的权责履行情况进行定期检查和评估。通过强化监督与考核,及时发现和纠正存在的问题和不足,确保权责体系的有效运行和持续改进。

(五)实施完善组织结构与权责体系的保障措施

为了确保完善组织结构与权责体系的顺利实施,民办高校还需要采取以下保障措施:

学校领导应充分认识到完善组织结构与权责体系的重要性,给予足够的重视和支持。通过制定相关政策、提供必要资源和指导等方式,推动组织结构与权责体系的完善工作。学校应加强对员工的培训和教育,提高员工对组织结构与权责体系的认识和理解。通过培训和教育,使员工能够更好地适应新的组织结构和权责体系,提高工作效率和综合素质。学校应建立持续改进机制,对组织结构与权责体系的运行情况进行定期评估和改进。通过收集反馈意见、分析问题原因、制定改进措施等方式,不断优化组织结构与权责体系,提高学校的管理水平和竞争力。

二、培育积极向上的内部控制文化

(一)概述

内部控制文化是学校内部控制体系的重要组成部分,它体现了学校对内部控制的重视程度和员工的内控意识。一个积极向上的内部控制文化能够有效提升学校的管理水平和风险防范能力,促进学校的健康发展。因此,培育积极向上的内部控制文化对民办高校的发展具有重要意义。

(二)内部控制文化的内涵与重要性

内部控制文化是指学校内部在内部控制实践活动中所形成的共同价值观、行为规范和道德准则。它涵盖了学校的内部控制理念、风险意识、诚信观念等多个方面,是学校内部控制体系的精神支柱。一个积极向上的内部控制文化能够激发员工的内部控制热情,增强员工的责任感和使命感,促进学校内部控制工作的有效实施。

（三）当前民办高校内部控制文化存在的问题

尽管许多民办高校在内部控制体系建设方面取得了一定的成绩，但在内部控制文化培育方面仍存在一些问题。具体表现在以下几个方面：

一些民办高校过于注重教学和科研工作，忽视了内部控制文化的重要性。学校管理层对内部控制文化的培育缺乏足够的认识和投入，导致内部控制文化难以深入人心。部分民办高校缺乏浓厚的内部控制文化氛围，员工对内部控制的认识不足，缺乏自觉遵守内部控制规范的意识。同时，学校也缺乏相应的内部控制文化宣传和教育机制，难以形成积极向上的内控氛围。一些民办高校的内部控制文化与学校整体文化之间存在脱节现象，两者未能有效融合。这导致内部控制文化难以在学校内部得到广泛认同和支持，难以发挥其应有的作用。

（四）培育积极向上的内部控制文化的策略

针对当前民办高校内部控制文化存在的问题，可以从以下几个方面入手，培育积极向上的内部控制文化：

学校管理层应充分认识到内部控制文化的重要性，将其纳入学校整体发展战略中。通过制定相关政策、加大投入力度等方式，推动内部控制文化的培育和发展。同时，加强内部控制文化的宣传教育，提高员工对内部控制文化的认识和重视程度。学校可以通过举办内部控制知识竞赛、开展内部控制文化周等活动，营造浓厚的内部控制文化氛围。同时，加强内部控制规范的宣传和培训，使员工了解内部控制的重要性和必要性，自觉遵守内部控制规范。此外，建立激励机制，对在内部控制工作中表现突出的员工进行表彰和奖励，激发员工的内控热情。

学校应将内部控制文化与学校整体文化相结合，形成独具特色的内控文化。通过在学校文化中融入内部控制元素，使内部控制文化成为学校文化的重要组成部分。同时，加强学校文化与内部控制文化的相互渗透和影响，促进两者的共同发展。

内部控制文化的培育是一个长期而系统的过程，需要学校持续投入和努力。学校应制订内部控制文化建设的长期规划，明确建设目标和任务。

同时，建立健全内部控制文化建设的组织机构和工作机制，确保建设工作的顺利进行。此外，加强内部控制文化建设的监督和评估，及时发现问题并进行改进，确保建设工作的实效性和可持续性。

（五）培育内部控制文化的实践意义

培育积极向上的内部控制文化对于民办高校而言具有深远的实践意义。首先，它有助于提升学校的管理水平和风险防范能力。通过加强内部控制文化建设，学校能够形成一套科学、规范、有效的内部控制体系，提高管理效率和决策水平，降低运营风险。其次，它有助于增强员工的责任感和使命感。一个积极向上的内部控制文化能够激发员工的内控热情，使员工更加关注学校的整体利益和发展目标，积极投身于内部控制工作中。最后，它有助于塑造学校的良好形象和声誉。通过加强内部控制文化建设，学校能够展示出其规范、透明、负责任的管理形象，提升学校的社会认可度和影响力。

三、提升员工素质与专业能力

（一）概述

在当今快速发展的时代，民办高校面临着前所未有的机遇与挑战。为了实现可持续发展，民办高校必须高度重视员工素质与专业能力的提升。员工素质与专业能力是民办高校办学水平、教学质量和科研实力的重要体现，直接关系到学校的声誉和竞争力。因此，提升员工素质与专业能力成为民办高校发展的关键所在。

（二）员工素质与专业能力的内涵和重要性

员工素质是指员工在思想、道德、文化、心理等方面的综合表现，是员工个人品质和社会责任的体现。专业能力则是指员工在特定领域所具备的知识、技能和经验，是员工完成工作任务和解决问题的关键能力。员工素质与专业能力相辅相成，共同构成了员工的核心竞争力。

在民办高校中，员工素质与专业能力的提升对学校的发展具有重要意义。首先，优秀的员工素质有助于营造良好的校园文化氛围，增强员工的归属感和凝聚力，提高学校的整体形象。其次，专业能力的提升有助于提升教学质量和科研水平，推动学校的教学改革和科研创新。最后，员工素质与专业能力的提升有助于增强学校的市场竞争力，吸引更多的优秀学生和教师，推动学校的可持续发展。

（三）当前民办高校员工素质与专业能力存在的问题

尽管民办高校在员工素质与专业能力提升方面取得了一定成效，但仍存在一些问题。具体表现在以下几个方面：

由于民办高校在招聘、选拔和培训等方面的不足，导致员工素质参差不齐。一些员工缺乏敬业精神、团队合作意识和社会责任感，影响了学校的整体形象和发展。部分民办高校在学科建设、师资队伍建设等方面投入不足，导致员工的专业能力有限。一些教师缺乏先进的教学理念和教学方法，难以适应新时代的教学需求；一些科研人员缺乏创新精神和科研能力，难以在科研领域取得突破。

一些民办高校在员工培训和发展方面缺乏系统的规划与有效的措施。培训内容单一、形式僵化，难以满足员工的个性化需求；发展机会有限，晋升渠道不畅，影响了员工的积极性和创造力。

（四）提升员工素质与专业能力的策略

针对当前民办高校员工素质与专业能力存在的问题，可以从以下几个方面入手，提升员工的素质与专业能力：

民办高校应建立完善的招聘与选拔机制，注重对应聘者的综合素质和专业能力的考察。通过严格的面试、笔试和试讲等环节，选拔出具有敬业精神、团队合作意识和创新精神的优秀员工。民办高校应建立完善的员工培训体系，制订个性化的培训计划，针对不同岗位和层级的员工提供不同内容和形式的培训。同时，学校还应积极拓展员工的发展渠道，为员工提供更多的晋升机会和职业发展空间。

民办高校应建立科学的激励机制和评价体系，通过设立奖励基金、举办教学成果展示和科研成果评选等活动，激发员工的工作热情和创造力。同时，学校还应建立公正、透明的评价体系，定期对员工的工作表现和专业能力进行评估与反馈，帮助员工发现不足并制订改进计划。民办高校应注重校园文化建设，通过举办各类文化活动、加强师德师风建设等，营造良好的校园文化氛围。这将有助于增强员工的归属感和凝聚力，提高员工的工作效率和工作质量。

（五）提升员工素质与专业能力的实践意义

提升员工素质与专业能力对民办高校来说实践意义深远。首先，优秀的员工队伍是学校提高教学质量和科研水平的关键。通过提升员工素质与专业能力，学校可以培养出更多高素质、高技能水平的人才，为社会输送更多的优秀人才。其次，优秀的员工队伍有助于增强学校的核心竞争力。在日益激烈的竞争环境中，只有不断提升员工素质与专业能力，学校才能在市场中脱颖而出，赢得更多的社会认可和支持。最后，提升员工素质与专业能力是实现学校可持续发展的重要保障。随着社会的不断发展和变革，学校需要不断适应新的形势和需求，而优秀的员工队伍则是推动学校持续发展的重要力量。

第四节　内部控制文化的培育与传承

一、民办高校内部控制文化的内涵与特征

（一）概述

内部控制文化作为内部控制体系的核心组成部分，在民办高校的发展中起着举足轻重的作用。它不仅是学校内部控制活动的基础，也是推动内部控制体系有效运行的重要力量。因此，深入理解和把握民办高校内部控制文化的内涵与特征，对提升学校内部控制水平、保障学校稳健运行具有重要意义。

（二）民办高校内部控制文化的内涵

内部控制文化是指在学校内部控制实践中形成的共同价值观、行为规

范和道德准则，是内部控制体系的精神支柱和灵魂。在民办高校中，内部控制文化具有以下几个方面的内涵：

内部控制文化的核心内容之一是风险意识。民办高校作为教育领域的重要组成部分，面临着来自市场、政策、教学、科研等多方面的风险。因此，建立内部控制文化需要先培养全员形成风险意识，使每个员工都能认识到风险的存在和可能带来的后果，从而在日常工作中时刻保持警惕，积极防范和应对风险。诚信是建立内部控制文化的重要基础。在民办高校中，诚信不仅体现在师生之间的互信关系上，更体现在学校管理层对内部控制制度的严格遵守和执行上。通过培养员工的诚信观念，可以确保内部控制制度的有效执行，减少违规行为的发生，维护学校的声誉和形象。

内部控制文化强调每个员工在内部控制体系中的责任和义务。在民办高校中，每个员工都是内部控制体系的一部分，都应该对自己的工作负责，积极参与内部控制活动，共同维护学校的稳定和发展。通过强化责任意识，可以激发员工的主动性和创造性，推动内部控制体系的不断完善和发展。内部控制文化的另一个重要方面是协作精神。在民办高校中，内部控制活动往往涉及多个部门和多个环节，需要各部门之间、员工之间的密切协作和配合。通过培养协作精神，可以打破部门壁垒，促进信息共享和资源整合，提升内部控制活动的效率和效果。

（三）民办高校内部控制文化的特征

每所民办高校都有其独特的发展历程、办学理念和校园文化，这些因素共同塑造了学校内部控制文化的独特性。因此，不同民办高校的内部控制文化在表现形式、内涵和外延上都会有所不同，体现了其独特的风格和特色。内部控制文化一旦形成，就具有一定的稳定性，能够在一段时间内持续影响学校的内部控制活动。然而，随着外部环境的变化和学校内部发展的需要，内部控制文化也需要不断进行调整和更新。这种稳定性与变革性的并存，使得民办高校的内部控制文化既能够保持其连续性和稳定性，又能够适应时代的发展和变化。

虽然不同民办高校的内部控制文化具有独特性，但在一些基本方面仍具有普遍性。例如，所有民办高校都强调风险意识、诚信观念、责任意识和协作精神等内部控制文化的核心价值观。然而，在具体实践中，由于学校规模、办学层次、管理模式等方面的差异，这些普遍性的价值观又会表现出不同的表现形式和实现方式，体现了普遍性与差异性的结合。内部控制文化的示范性是指学校管理层和优秀员工通过自身的言行与表率作用，向全体员工传递和展示内部控制文化的核心价值观和行为规范。这种示范性不仅能够激发员工的认同感和归属感，还能够带动整个学校形成良好的内部控制氛围。同时，内部控制文化具有感染性，能够通过员工之间的交流和互动，将内部控制文化的理念和价值观传递给更多的人，进一步扩大其影响范围。

（四）内部控制文化在民办高校中的作用

内部控制文化在民办高校中发挥着举足轻重的作用。首先，它有助于提升学校的管理水平和风险防范能力。通过培养全员的风险意识和诚信观念，可以确保学校的各项活动在合规、稳健的轨道上运行，降低潜在风险的发生概率。其次，内部控制文化能够激发员工的主动性和创造性。在良好的内部控制文化氛围下，员工会更加积极地参与内部控制活动，提出改进意见和建议，推动学校内部控制体系的不断完善和发展。最后，内部控制文化能够提升学校的形象和声誉。通过展示学校在内部控制方面的优秀实践和成果，可以增强社会对学校的信任和认可，提升学校的竞争力和社会影响力。

二、民办高校内部控制文化的培育途径

（一）概述

作为学校管理体系的重要组成部分，内部控制文化对保障民办高校稳健运行、提升管理水平具有重要意义。然而，当前部分民办高校在内部控制文化建设方面仍存在不足，如员工对内部控制的认识不足、执行力度不够等，这些问题制约了内部控制文化的有效培育。因此，探讨民办高校内部控制文化的培育途径，对推动学校内部控制体系的完善和发展具有现实意义。

（二）加强内部控制理念的宣传与教育

内部控制文化的培育首先需要全校师生员工深入了解内部控制的重要性。因此，学校应积极开展内部控制理念的宣传与教育，通过举办讲座、培训、研讨会等形式，向师生员工普及内部控制知识，增强其内部控制意识。同时，学校还应将内部控制理念融入校园文化中，通过校园媒体、宣传栏等渠道进行广泛传播，营造浓厚的内部控制文化氛围。

（三）完善内部控制制度建设

内部控制文化的培育需要依靠完善的内部控制制度作为支撑。学校应根据自身实际情况，制定全面、科学、合理的内部控制制度，明确各部门、各岗位的职责和权限，规范业务流程和操作程序。同时，学校还应建立内部控制评价体系，定期对内部控制制度的执行情况进行检查和评估，确保内部控制制度的有效执行。

（四）发挥领导层的示范作用

领导层在内部控制文化的培育中发挥着关键作用。学校领导应率先垂范，自觉遵守内部控制制度，严格执行内部控制流程，为师生员工树立榜样。同时，领导层还应积极参与内部控制文化的建设活动，通过自身的言行和表率作用，推动全校形成重视内部控制、遵守内部控制的良好氛围。

（五）加强内部控制培训与交流

内部控制文化的培育需要不断提升师生员工的内部控制能力。因此，学校应定期组织内部控制培训活动，邀请专家学者或业内人士进行授课，提高师生员工的内部控制意识和技能水平。同时，学校还应加强与其他高校或企业的交流与合作，学习借鉴先进的内部控制理念和实践经验，不断丰富和完善自身的内部控制文化。

（六）建立激励与约束机制

为了有效推动内部控制文化的培育，学校应建立激励与约束机制。一方面，对在内部控制工作中表现突出的师生员工给予表彰和奖励，激发其参与内部控制活动的积极性和主动性；另一方面，对违反内部控制制度的行为进行严肃处理，形成对违规行为的威慑力。通过激励与约束机制的建立，可以引导师生员工自觉遵守内部控制制度，共同维护学校的内部控制文化。

（七）注重内部控制文化的创新与发展

内部控制文化不是一成不变的，它需要根据学校的发展和环境的变化进行不断创新和发展。学校应鼓励师生员工在内部控制实践中积极探索新的方法和思路，推动内部控制文化的创新。同时，学校还应关注内部控制领域的最新动态和研究成果，及时调整和完善自身的内部控制文化，确保其与时俱进、符合时代发展要求。

（八）建立内部控制文化评价体系

为了客观评估内部控制文化的培育效果，学校应建立内部控制文化评价体系。该体系应包括评价指标、评价方法和评价周期等内容，以全面、系统地评价内部控制文化的建设情况。通过定期评价，学校可以及时了解内部控制文化的现状和不足，有针对性地制定改进措施，推动内部控制文化的持续优化和发展。

（九）加强与社会各界的沟通与合作

内部控制文化的培育不仅需要学校内部的努力，还需要社会各界的支持和参与。学校应加强与政府部门、行业协会、企业等机构的沟通与合作，共同推动内部控制文化的普及和发展。通过参与行业交流、合作研究等活动，学校可以借鉴外部的优秀经验和做法，不断提升自身的内部控制文化建设水平。

三、民办高校内部控制文化的传承机制

（一）概述

内部控制文化作为民办高校管理体系的重要组成部分，其传承与发

展对学校的稳健运行和长远发展具有重要意义。内部控制文化的传承机制是确保这种文化得以延续和发扬的关键所在。因此，深入探讨民办高校内部控制文化的传承机制，对推动学校内部控制体系的完善和提升具有重要意义。

（二）内部控制文化传承的重要性

内部控制文化的传承是民办高校持续发展的重要保障。通过传承，学校可以保持内部控制文化的稳定性和连续性，确保内部控制体系的有效运行。同时，传承也是内部控制文化不断创新和发展的基础，通过传承过程中的积累与反思，学校可以不断完善和优化内部控制文化，使其更加符合学校发展的实际需要。

（三）内部控制文化传承的核心要素

内部控制文化的核心价值观是传承的核心要素之一。这些价值观包括诚信、责任、风险意识等，是内部控制文化的基础和灵魂。在传承过程中，学校应确保这些价值观得到完整保留和有效传递，使其成为师生员工共同遵守的行为准则。另外，内部控制文化的传承还包括制度规范的传承。这些制度规范是学校内部控制体系的重要组成部分，对规范师生员工的行为、保障内部控制活动的有效进行具有重要作用。在传承过程中，学校应确保制度规范的连续性和稳定性，同时根据时代发展和学校实际情况进行必要的调整与完善。

传统习俗作为内部控制文化的重要表现形式，也需要在传承过程中得到重视。这些传统习俗包括学校的优良传统、习惯做法等，它们对营造内部控制文化氛围、增强师生员工的内部控制意识具有重要作用。通过传承这些传统习俗，学校可以保持内部控制文化的独特性和魅力。

（四）内部控制文化的传承机制构建

为了有效传承内部控制文化，民办高校应建立完善的传承体系。该体系应包括明确的传承目标、传承内容、传承方式以及传承责任等要素。通过构建这一体系，学校可以确保内部控制文化在师生员工中得到广泛传播和深入理解。领导层在内部控制文化的传承中发挥着关键作用。学校领导应充分认识到内部控制文化传承的重要性，将其纳入学校发展战略中，并通过自身的言行和表率作用推动内部控制文化的传承。同时，领导层还应积极组织内部控制文化的培训和交流活动，提高师生员工的内部控制意识和能力。

师生员工是内部控制文化传承的主体。学校应鼓励师生员工积极参与内部控制文化的传承活动，通过实践体验、经验分享等方式加深对内部控制文化的理解和认同。同时，学校还应建立健全的激励机制，对在内部控制文化传承中表现突出的师生员工给予表彰和奖励。在传承内部控制文化的过程中，学校应注重创新与发展。一方面，学校应根据时代发展和学校实际情况对内部控制文化进行必要的调整与完善，使其更加符合时代要求。另一方面，学校应积极探索新的传承方式和手段，如利用现代信息技术手段进行内部控制文化的传播和普及等。

（五）内部控制文化传承面临的挑战与对策

在内部控制文化的传承过程中，民办高校可能会面临一些挑战，如文化传承的断层、新旧文化冲突等。为了应对这些挑战，学校应采取以下对策：

学校应通过建立长效机制、加强历史档案管理等方式，确保内部控制文化的连续性和稳定性。同时，学校还应加强对新入职员工的内部控制文化培训，使其能够快速融入学校的内部控制文化氛围中。在面对新旧文化冲突时，学校应秉持开放包容的态度，积极促进新旧文化的融合。通过对话、交流等方式，增进不同文化之间的理解和认同，形成共同发展的良好局面。

学校应定期对内部控制文化的传承效果进行评估和反馈，及时发现问题并进行改进。同时，学校还应根据评估结果调整传承策略和手段，提升文化传承的实效性。

第四章　民办高校内部控制活动设计

第一节　内部控制活动的基本原则

（一）概述

民办高校作为高等教育的重要组成部分，其内部控制活动的合规性原则对保障学校运营的稳健性和规范性具有重要意义。合规性原则强调民办高校在内部控制活动的设计和执行过程中，必须遵循国家法律法规、教育主管部门的规定以及学校内部规章制度，确保各项内部控制活动的合法性、合规性和有效性。

（二）合规性原则在民办高校内部控制体系中的作用

合规性原则是民办高校内部控制体系的核心原则之一，它贯穿内部控制活动的始终，对保障学校运营的合规性和规范性起着至关重要的作用。具体来说，合规性原则在民办高校内部控制体系中的作用主要体现在以下几个方面：

合规性原则要求民办高校在设计和执行内部控制活动时，必须严格遵守国家法律法规、教育主管部门的规定以及学校内部规章制度。这有助于规范内部控制活动的流程和内容，确保内部控制活动的合法性和合规性。通过遵循合规性原则，民办高校可以有效降低运营风险。合规性内部控制活动可以帮助学校识别和评估潜在风险，制定相应的风险应对措施，从而避免或减少风险事件的发生。合规性原则的实施有助于提升民办高校的治理水平。通过建立健全的内部控制体系，学校可以规范各项管理活动，提高管理效率，增强学校的竞争力和社会信誉。

（三）合规性原则在民办高校内部控制活动中的要求

民办高校应加强对全体员工的法律法规意识培养，使员工充分认识到遵守国家法律法规和教育主管部门规定的重要性。同时，学校应定期组织法律法规培训，提高员工对法律法规的认知和理解水平。民办高校应建立完善的内部规章制度体系，确保各项内部控制活动有章可循、有据可依。规章制度体系应涵盖学校运营管理的各个方面，包括教学管理、财务管理、人事管理等，并应根据实际情况进行定期修订和完善。

民办高校应建立内部控制活动的执行监督机制，确保各项内部控制活动得到有效执行。学校应设立专门的内部控制部门或岗位，负责监督内部控制活动的执行情况，并及时发现和纠正执行过程中存在的问题。民办高校应定期对内部控制活动进行风险评估，识别潜在的风险，并制定相应的风险应对措施。同时，学校应建立健全的风险报告和应对机制，确保在风险事件发生时能够及时、有效地进行应对和处理。

（四）合规性原则在民办高校内部控制活动中的实施策略与建议

民办高校应重视内部控制文化的建设，通过宣传、培训等方式提高全体员工的内部控制意识和合规意识。学校应倡导诚信、公正、透明的价值观，为内部控制活动的有效实施创造良好的文化环境。民办高校应加强内部控制活动相关部门和人员之间的沟通与协作，确保内部控制活动的顺畅进行。学校应建立有效的信息沟通机制，确保内部控制信息的及时传递和共享，提升内部控制活动的效率和效果。

民办高校应充分利用信息化手段提升内部控制水平，如建立内部控制信息系统、采用数据分析技术等。通过信息化手段的应用，学校可以更加高效地进行内部控制活动的监测和管理，提高内部控制活动的精准性和有效性。

二、内部控制活动的有效性原则

（一）概述

内部控制活动的有效性原则，是确保企业内部控制体系能够充分发挥作用，实现既定控制目标的重要基础。对民办高校而言，内部控制活动的有效性不仅关系到学校的日常运营和财务管理，也直接影响到学校的教学质量、声誉以及长远发展。因此，深入探讨内部控制活动的有效性原则，对提升民办高校的内部控制水平，保障学校的稳健运行具有重要意义。

（二）内部控制活动有效性原则的内涵

内部控制活动的有效性原则，主要是指内部控制活动的设计和执行应当能够有效地防范与控制风险，确保企业目标的实现。这一原则强调内部控制活动的实际效果和效益，要求内部控制活动不仅要符合法律法规和规章制度的要求，还要能够在实际操作中发挥应有的作用。

在民办高校中，内部控制活动的有效性原则具体体现在以下几个方面：一是内部控制活动应当能够准确识别并评估学校运营过程中可能面临的各种风险；二是内部控制活动应当能够针对识别出的风险，采取有效的控制措施，降低风险发生的可能性和影响程度；三是内部控制活动应当能够确保学校各项业务的合规性和规范性，防止违法违规行为的发生；四是内部控制活动应当能够提升学校的管理效率和运营效果，促进学校的健康发展。

（三）实现内部控制活动有效性原则的关键因素

良好的内部控制环境是内部控制活动得以有效实施的基础。民办高校应建立良好的内部控制文化，明确内部控制的重要性，提高全体员工的内部控制意识。同时，学校还应建立健全的组织结构，明确各部门的职责和权限，确保内部控制活动的顺利开展。风险评估是内部控制活动的重要环节。民办高校应定期对学校运营过程中可能面临的风险进行识别和评估，并根据评估结果制定相应的风险应对措施。另外，学校还应建立风险报告和预警机制，及时监测和应对潜在风险。

控制活动是内部控制体系的核心。民办高校应设计合理的控制活动，确保各项业务的合规性和规范性。同时，学校还应加强对控制活动的执行情况的监督和检查，确保控制活动得到有效执行。信息与沟通是内部控制活动得以有效实施的重要保障。民办高校应建立畅通的信息传递和沟通机制，确保内部控制信息的及时传递和共享。另外，学校还应加强对内部控制信息的分析和利用，为内部控制活动的优化提供有力支持。

（四）提升内部控制活动有效性的策略与建议

通过定期开展内部控制培训和教育活动，提高全体员工的内部控制意识和技能水平。培训内容可以包括内部控制的基本原理、风险识别与评估方法、控制活动的设计与执行等。积极引入先进的内部控制理念和技术手段，如风险管理框架、内部控制信息系统等，提高内部控制活动的效率和准确性。

通过建立激励与约束机制，鼓励员工积极参与内部控制活动，并对内部控制活动的执行情况进行考核和奖惩。这有助于增强员工的责任感和使命感，提高内部控制活动的有效性。通过引入外部审计机构对学校内部控制体系进行定期审计和评估，可以发现内部控制体系中存在的问题和不足，并提出改进意见和建议。同时，学校还应加强对内部控制活动的自我监督和检查，确保内部控制活动的持续改进和优化。

三、内部控制活动的成本效益原则

（一）概述

在民办高校的运营过程中，内部控制活动扮演着至关重要的角色。它不仅能够确保学校的各项活动合法合规，提高运营效率，还能够有效地降低风险，保护学校的资产安全。然而，内部控制活动的实施也需要投入一定的成本，包括人力、物力、财力等各方面的投入。因此，在设计和执行内部控制活动时，必须考虑成本效益原则，确保内部控制活动所带来的效益大于或等于其投入的成本。

（二）成本效益原则的内涵

成本效益原则是指在进行内部控制活动时，应以最小的成本实现最大的效益。这一原则要求民办高校在设计和执行内部控制活动时，应充分考虑投入的成本与预期的效益之间的关系，确保内部控制活动经济效益和社会效益的最大化。

在民办高校的内部控制体系中，成本效益原则的应用主要体现在以下几个方面：一是内部控制活动的设计应简洁明了，避免过于复杂和烦琐，以减少不必要的成本支出；二是内部控制活动的执行应高效快捷，避免浪费时间和资源；三是内部控制活动的监督与评估应定期进行，确保其长期有效性和成本效益。

（三）成本效益原则在内部控制活动中的应用

在设计内部控制活动时，民办高校需要对活动成本进行估算，包括人力成本、时间成本、物资成本等民办高校。同时，民办高校还需要对活动的预期效益进行评估，包括风险降低程度、运营效率提升程度、资产安全保障程度等。通过对比成本与效益，学校可以判断该内部控制活动是否符合成本效益原则。例如，在设计财务管理内部控制活动时，学校可以通过引入信息化管理系统来降低人力成本和提高工作效率。然而，这也需要投入一定的资金来购买和维护系统。因此，学校需要对系统的投入成本和预期效益进行综合评估，以决定是否采用该方案。

在执行内部控制活动时，民办高校需要对活动的成本进行实时监控，确保活动按照预算进行。同时，民办高校还需要对活动的效益进行定期评估，以便及时调整活动方案或采取其他措施来提高效益。例如，在执行教学管理内部控制活动时，学校可以通过定期评估教学质量来监控活动的效益。如果发现某些教学环节存在效率低下或资源浪费的情况，学校就可以及时调整教学计划或引入新的教学方法来提高教学效益。

在内部控制活动实施后，民办高校需要对活动效果进行成本效益评估。这包括对活动的实际成本进行核算，对活动的实际效益进行量化分析，并将实际成本与预期成本、实际效益与预期效益进行比较。通过评估，学校可以了解内部控制活动的实际效果和成本效益情况，为今后的内部控制活动提供经验和借鉴。

（四）提升内部控制活动成本效益的策略

通过精简和优化内部控制流程，降低不必要的环节和重复劳动，可以提高内部控制活动的效率，减少成本支出。同时，优化流程也有助于提高内部控制活动的有效性和准确性，进一步提升成本效益。利用先进的技术手段，如大数据分析、云计算等，可以提高内部控制活动的自动化和智能化水平，降低人力成本和减少时间成本。同时，技术手段的应用也有助于学校提高内部控制活动的精确性和实时性，提升成本效益。

通过加强员工对内部控制活动的培训和意识提升，使员工充分认识到内部控制活动的重要性，并熟练掌握内部控制技能和方法。这有助于提高员工参与内部控制活动的积极性和主动性，降低内部控制活动的执行成本，提升成本效益。

建立内部控制活动的持续改进机制，定期对内部控制活动进行审查和评估，及时发现和解决问题。通过持续改进，可以不断优化内部控制活动的设计和执行方案，提高成本效益。

第二节　内部控制活动的分类与特点

一、内部控制活动的预防性控制活动

（一）概述

在民办高校的运营和管理中，内部控制活动的实施对保障学校的稳健运行、提升管理效率、防范风险具有至关重要的作用。其中，预防性控制活动作为内部控制体系的重要组成部分，旨在通过事先的规划和设计，预防潜在问题的发生，从而确保学校运营的平稳和高效。

（二）预防性控制活动的内涵

预防性控制活动是指在问题发生之前，通过制定和实施一系列内部控制措施，以消除或降低潜在风险的发生概率和影响程度。这些控制措施通常包括制度建设、流程优化、人员培训、风险评估与应对等方面。预防性控制活动的核心在于事先预防和规避风险，而非事后补救和纠正。

在民办高校的内部控制体系中，预防性控制活动具有特殊的意义。由于民办高校面临着资金筹措、教学管理、学生服务等多方面的挑战。因此，通过实施预防性控制活动，可以有效降低运营风险，提升学校的管理水平和教学质量，为学校的长期发展奠定坚实基础。

（三）预防性控制活动的实施方式

建立健全的内部控制制度是实施预防性控制活动的基础。民办高校应制定完善的财务管理、教学管理、人事管理等制度，明确各部门和人员的职责和权限，规范学校的运营和管理行为。同时，这些制度应随着外部环境的变化和学校发展的需要进行定期修订和完善，确保其时效性和适用性。优化业务流程是预防性控制活动的重要手段。民办高校应对现有的业务流程进行全面梳理和分析，找出可能存在的风险点和效率瓶颈，并采取相应的措施进行优化和改进。例如，通过简化审批流程、提高信息化水平等方式，提高业务处理效率和质量，降低运营风险。

提升员工的内部控制意识和技能是实施预防性控制活动的关键。民办高校应加强对员工的内部控制培训和教育，使其了解内部控制的重要性、掌握内部控制的基本知识和技能。同时，学校还应建立激励机制，鼓励员工积极参与内部控制活动，提高内部控制的有效性。定期进行风险评估是预防性控制活动的重要组成部分。民办高校应建立风险评估机制，对学校的运营风险进行定期识别和评估。针对评估结果，学校应制定相应的风险应对措施，包括风险规避、风险降低、风险转移等策略，以确保学校的稳健运营。

（四）预防性控制活动在民办高校内部控制体系中的作用

通过实施预防性控制活动，民办高校可以在问题发生之前采取有效措施进行预防和规避，从而降低运营风险的发生概率和影响程度。这有助于保障学校的资金安全、提高教学质量、维护学生权益等方面。

通过优化业务流程、提高信息化水平等方式，预防性控制活动可以提高学校的管理效率。这有助于减少不必要的浪费和损失，提高资源的利用效率，为学校的发展提供有力支持。通过实施预防性控制活动，民办高校可以建立健全的内部控制体系，提升学校的管理水平和教学质量。这有助于增强学校的竞争力和社会声誉，吸引更多的优秀学生和教师加入，为学校的长期发展奠定坚实基础。

二、内部控制活动的检测性控制活动

（一）概述

在民办高校的内部控制体系中，检测性控制活动扮演着至关重要的角色。它是对内部控制体系的有效性进行定期评估和监控的重要手段，旨在发现潜在的问题和缺陷，从而及时采取措施进行纠正和改进。通过检测性控制活动，民办高校可以确保其内部控制体系的持续有效性和适应性，保障学校的稳健运营和健康发展。

（二）检测性控制活动的内涵与重要性

检测性控制活动是指通过一系列的检查、测试、评估等手段，对内部控制体系的有效性进行定期或不定期的监测和评估。这些活动旨在发现内部控制体系中存在的缺陷、漏洞或违规行为，以便及时采取纠正措施，防止问题的进一步扩大和恶化。

在民办高校的运营过程中，内部控制体系的有效性直接关系到学校资金的安全、教学质量的保障以及对学生服务水平的提升。因此，通过实施检测性控制活动，民办高校可以及时发现并解决内部控制体系中存在的问题，确保学校的运营活动符合法律法规和内部规章制度的要求，保障学校的长期稳定发展。

（三）检测性控制活动的实施方式

内部审计是检测性控制活动的重要组成部分。通过定期对学校的财务、教学、管理等方面进行全面审计，可以发现内部控制体系中存在的漏洞和缺陷，并提出改进意见和建议。内部审计人员应具备专业的知识和技能，能够独立、客观地开展审计工作，确保审计结果的准确性和客观性。

风险评估与监测是检测性控制活动的另一重要手段。通过对学校运营过程中可能面临的风险进行定期评估和分析，可以识别出潜在的风险点和隐患，并制定相应的风险应对措施。同时，通过对内部控制体系运行情况的实时监测，评估人员可以及时发现异常情况和违规行为，防止问题的扩大和恶化。

内部控制自我评价是检测性控制活动的一种有效方式。通过组织各部门和人员对自身的内部控制活动进行自我评价和反思，可以发现内部控制体系中的不足和改进空间。同时，自我评价还可以增强员工的内部控制意识和责任感，推动内部控制体系的不断完善和优化。

（四）检测性控制活动在民办高校内部控制体系中的作用

通过实施检测性控制活动，可以对内部控制体系的有效性进行定期评估和监控，确保内部控制措施得到有效执行。这有助于发现和纠正内部控制体系中的漏洞与缺陷，提高内部控制的效率和效果，从而保障学校的稳健运营。实施检测性控制活动可以帮助民办高校及时识别和评估潜在的风险点，制定相应的风险应对措施。通过提前预防和应对风险，可以降低风险发生的概率和影响程度，减少学校运营过程中的不确定性和损失。

通过检测性控制活动，可以发现内部控制体系中存在的问题和不足，为改进内部控制体系提供有力支持。学校可以根据检测结果制定相应的改进措施，不断完善和优化内部控制体系，提高学校的整体管理水平和运营效率。

三、内部控制活动的纠正性控制活动

（一）概述

在民办高校的运营管理中，内部控制体系的建立和完善至关重要。纠正性控制活动作为内部控制的重要组成部分，其主要目标是及时纠正运营过程中出现的偏差和错误，确保学校各项活动的合规性和高效性。

（二）纠正性控制活动的内涵与意义

纠正性控制活动是指在内部控制体系运行过程中，对发现的偏差、错误或违规行为进行及时纠正和改进的一系列活动。这些活动旨在消除内部控制体系中的缺陷，恢复其正常运行状态，防止类似问题的再次发生。

在民办高校的运营过程中，由于各种因素的影响，可能会出现一些偏差和错误。这些问题如果不及时解决，可能就会对学校的教学、管理、财务等方面造成不良影响。因此，通过实施纠正性控制活动，可以及时发现并解决这些问题，确保学校的稳健运营和健康发展。

（三）纠正性控制活动的实施方式

纠正性控制活动的首要任务是识别内部控制体系中存在的问题。这包括通过内部审计、风险评估、员工反馈等方式，发现运营过程中的偏差、错误或违规行为。一旦发现问题，应及时向上级领导或相关部门报告，以便采取相应的纠正措施。针对识别出的问题，需要进行深入的原因分析，找出出现问题的根源。在此基础上，制定具体的改进方案，明确解决措施、责任人和完成时间。改进方案应具有可操作性和针对性，能够切实解决问题并防止类似问题的再次发生。

根据改进方案，落实具体的解决措施。这可能包括调整内部流程、加强员工培训、完善制度等。在解决措施实施过程中，应加强对执行情况的监督，确保措施得到有效执行。同时，建立反馈机制，及时了解解决措施的效果和存在的问题，以便进行进一步的调整和优化。纠正性控制活动并非一次性任务，而是一个持续的过程。在问题得到解决后，应继续跟踪其后续情况，确保问题不再复发。同时，根据内部控制体系运行的新情况和新问题，不断调整和优化纠正性控制活动，确保其适应性和有效性。

（四）纠正性控制活动在民办高校内部控制体系中的作用

纠正性控制活动通过及时纠正内部控制体系中的偏差和错误，确保其正常运行和有效性。这有助于降低学校运营风险，提高管理效率，保障教学质量的稳定提升。纠正性控制活动的实施过程中，员工会深刻认识到内部控制的重要性，以及个人行为对内部控制体系的影响。这有助于提升员工的内部控制意识，使其在日常工作中自觉遵守内部控制规定，共同维护内部控制体系的有效性。

纠正性控制活动不仅关注问题的解决，还注重对出现问题的根源分析和改进方案的制订。通过深入分析问题的原因，制定有针对性的解决措施，可以促进学校管理的持续改进，提高学校的整体管理水平和竞争力。

第三节　内部控制活动的流程设计

一、内部控制活动流程设计的目标与要求

（一）概述

随着民办高校的快速发展和规模的不断扩大，其运营和管理面临着日益复杂的挑战。为了保障学校的稳健运营和健康发展，建立健全的内部控制体系显得尤为重要。内部控制活动流程设计作为内部控制体系的核心组成部分，其目标与要求的明确对提升内部控制效果具有重要意义。

（二）内部控制活动流程设计的目标

内部控制活动流程设计的首要目标是确保内部控制的有效性。通过设计科学、合理的流程，使内部控制措施能够得到有效执行，降低运营风险，提高管理效率。这要求流程设计能够充分考虑学校的特点和需求，确保流程更具针对性和实用性。

内部控制活动流程设计应追求高效和有效。通过优化流程，减少冗余环节，提高内部控制的执行效率；确保流程设计的有效性，使内部控制能够真正发挥作用，达到预期的效果。内部控制活动流程设计有助于推动学校管理的规范化和标准化。通过制定统一的内部控制标准和流程，使各部门和人员能够按照统一的规范进行操作，提高管理的规范性和一致性。

（三）内部控制活动流程设计的要求

内部控制活动流程设计必须遵守国家法律法规和相关政策规定，确保流程的合法合规性。这要求流程设计者在设计过程中充分了解相关法律法规和政策要求，确保流程设计与法律法规保持一致。内部控制活动流程设计应涵盖学校的各个方面和环节，确保内部控制的全面性。同时，流程设计应具有系统性，各个流程之间相互衔接、相互支撑，形成一个完整的内部控制体系。

内部控制活动流程设计应以风险管理为核心，重点关注学校在运营过程中可能面临的风险。通过识别、评估和控制风险，制定相应的内部控制措施和流程，降低风险发生的概率和影响程度。内部控制活动流程设计应具有一定的灵活性和适应性。随着学校运营环境的变化和内部控制需求的变化，流程设计应能够及时调整和优化，以适应新的情况和需求。

内部控制活动流程设计应具有可操作性和可监督性。流程设计应简洁明了、易于理解，方便员工执行和操作；建立有效的监督机制，对流程的执行情况进行监督和检查，确保流程得到有效执行。

（四）实现内部控制活动流程设计目标与要求的策略

学校应高度重视内部控制活动流程设计的顶层设计，明确流程设计的总体目标和要求，制订详细的流程设计计划和方案。同时，加强流程设计与其他管理活动的协调与配合，确保流程设计的顺利实施。在流程设计过程中，应充分考虑风险因素，以风险为导向进行流程设计。通过识别、评估和控制风险，制定更具针对性的内部控制措施和流程，降低风险发生的可能性。

流程设计应基于科学的方法和规范的标准进行。学校可以借鉴先进的内部控制理论和实践经验，结合自身的实际情况，制定符合学校特点的内部控制活动流程。同时，加强流程设计的标准化和规范化，确保流程的统一性和一致性。流程设计的成功实施离不开员工的积极参与和有效执行。因此，学校应加强对员工的内部控制培训，提高员工的内部控制意识和能力。同时，建立有效的监督机制，对流程的执行情况进行定期检查和评估，确保流程得到有效执行。

二、内部控制活动流程设计的具体步骤

（一）概述

在民办高校的运营和管理中，内部控制活动流程设计扮演着至关重要的角色。一个完善的内部控制活动流程能够确保学校的运营风险得到有效控制，提升管理效率，保障学校的稳健发展。

（二）内部控制活动流程设计的准备阶段

为确保内部控制活动流程设计的顺利进行，民办高校应成立专门的流程设计小组。小组应由具有内部控制知识和经验的专业人员组成，包括财务管理、审计、风险管理等方面的专家。小组应明确职责分工，确保流程设计的顺利进行。

流程设计小组应对学校的内部控制现状进行全面调研和深入分析。通过收集学校各部门关于内部控制的信息和数据，了解现有内部控制措施的优缺点，识别存在的风险点和漏洞。同时，对学校的业务流程和管理模式进行梳理，为后续流程设计提供依据。

（三）内部控制活动流程设计的规划阶段

在规划阶段，流程设计小组应明确内部控制活动流程设计的目标和原则。目标应围绕降低运营风险、提高管理效率、保障学校稳健发展等方面展开。原则应体现合法合规、全面系统、风险导向、灵活适应等要求，确保流程设计的科学性和有效性。

基于调研和现状分析的结果，流程设计小组应确定详细的流程设计框架和方案。框架应明确内部控制活动流程的主要环节和节点，包括风险识别、评估、控制、监控等环节。方案应具体描述每个环节的具体操作步骤、责任主体、时间节点等，确保流程设计的可操作性和可监督性。

（四）内部控制活动流程设计的实施阶段

根据流程设计框架和方案，流程设计小组应编写详细的流程文档和操作指南。流程文档应清晰地描述每个环节的输入、输出、操作步骤和注意事项，方便员工理解和执行。操作指南应提供具体的操作方法和技巧，帮助员工熟练掌握内部控制活动的操作要求。为确保内部控制活动流程得到有效执行，民办高校应开展有针对性的流程培训和宣传活动。通过组织培训课程、编写培训材料、制作宣传海报等方式，向员工普及内部控制的重要性和流程操作的具体要求，提高员工的内部控制意识和能力。

在流程文档和操作指南编写完成后，民办高校应组织流程的试运行和评估工作。试运行阶段应重点关注流程的顺畅性、有效性和可操作性，及时发现并解决存在的问题。评估阶段应对试运行的效果进行全面评估，收集员工的反馈意见，对流程进行必要的调整和优化。

（五）内部控制活动流程设计的持续优化阶段

为确保内部控制活动流程的持续优化，民办高校应建立有效的流程监控和反馈机制。通过设立专门的监控岗位或利用信息化手段进行实时监控，对流程的执行情况进行定期检查和评估。同时，建立员工反馈渠道，鼓励员工提出改进意见和建议，促进流程的不断完善。

随着学校运营环境的变化和内部控制需求的变化，内部控制活动流程应定期进行评估和更新。通过收集和分析运营数据、风险信息等方面的数据，评估流程的有效性和适应性，及时发现并解决潜在的问题。同时，根据新的内部控制要求和最佳实践，对流程进行必要的更新和优化，确保流程的先进性和有效性。

三、内部控制活动流程设计的优化与改进

（一）概述

随着民办高校的不断发展，其内部控制活动流程设计的重要性日益凸显。一个优秀的内部控制活动流程能够确保学校的稳健运营，提高管理效率，降低运营风险。然而，在实际操作中，许多民办高校的内部控制活动流程设计仍存在一些问题，如流程烦琐、效率低下、风险控制不足等。因此，对内部控制活动流程进行优化与改进，成为民办高校亟待解决的问题。

（二）当前内部控制活动流程存在的问题

部分民办高校的内部控制活动流程设计过于复杂，环节过多，导致执行效率低下。员工在执行流程时，需要花费大量时间和精力，影响了工作效率。有些民办高校的内部控制活动流程在风险控制方面存在明显不足。如果在流程中缺乏有效的风险识别和评估机制，无法及时发现和应对潜在风险，就有可能给学校的运营带来安全隐患。

在内部控制活动流程中，信息传递的畅通与否会直接影响到流程的执行效果。然而，一些民办高校存在信息传递不畅的问题，导致在流程执行中出现延误、错误等情况。

（三）内部控制活动流程设计的优化与改进策略

针对流程烦琐且效率低下的问题，民办高校应对内部控制活动流程进行简化。通过梳理现有流程，去除冗余环节，合并相似步骤，使流程更加简洁明了。同时，优化流程中的操作细节，减少不必要的等待和重复劳动，提高执行效率。为提升内部控制活动流程的风险控制能力，民办高校应完善风险评估机制。首先，建立风险识别体系，对学校的运营风险进行全面梳理和分类。其次，制定风险评估标准和方法，对各类风险进行量化评估。最后，根据风险评估结果，制定相应的控制措施和应急预案，确保风险得到有效控制。

信息传递的畅通是内部控制活动流程执行的关键。民办高校应建立有

效的信息传递机制，确保流程中的各个环节能够及时、准确地传递信息。可以通过建立信息共享平台、使用即时通信工具等方式，提高信息传递的速度和准确性。同时，加强员工的信息意识和沟通能力培训，提升员工在流程执行中的信息传递能力。

（四）内部控制活动流程设计的持续优化措施

为确保内部控制活动流程的持续优化，民办高校应建立定期评估与反馈机制。定期对流程的执行情况进行评估，收集员工的反馈意见，发现流程中存在的问题和不足。根据评估结果和反馈意见，对流程进行必要的调整和优化，确保流程的适应性和有效性。随着管理理念和技术手段的不断更新，民办高校应积极引入先进的内部控制理念和技术手段，对内部控制活动流程进行创新和优化。例如，可以借鉴其他行业的成功经验，引入流程再造、精益管理等理念和方法；利用大数据、云计算等先进技术手段，提高内部控制活动的智能化水平。

员工是内部控制活动流程执行的主体，其素质和意识对流程的执行效果具有重要影响。因此，民办高校应加强对员工的内部控制培训和文化建设。通过组织培训课程、开展案例分析等方式，提高员工对内部控制的认识和重视程度；营造积极向上的内部控制文化氛围，增强员工的责任感和使命感。

第四节　内部控制活动的执行与监督

一、内部控制活动的执行机制

（一）概述

内部控制活动的执行机制是确保民办高校内部控制体系有效运行的关键环节。一个完善的执行机制能够确保内部控制活动的顺利实施，提高管理效率，降低运营风险。因此，深入探讨内部控制活动的执行机制，对民办高校的稳健运营和长远发展具有重要意义。

（二）内部控制活动执行机制的核心要素

内部控制活动的执行机制首先依赖清晰的组织架构和明确的职责划分。民办高校应建立层次清晰、职责明确的内部控制组织架构，明确各级管理层和执行层在内部控制活动中的职责和权限。通过合理的职责划分，确保内部控制活动能够得到有效执行，避免职责不清、推诿扯皮等问题。

内部控制活动的执行机制需要依据具体的内部控制流程和规范进行操作。民办高校应制定详细、全面的内部控制流程，明确各个环节的操作步骤、责任主体、时间节点等。同时，建立内部控制规范，对内部控制活动的执行标准、质量要求等进行明确规定，确保内部控制活动的规范性和一致性。

信息沟通与反馈机制是内部控制活动执行机制的重要组成部分。民办高校应建立有效的信息沟通渠道，确保内部控制活动相关的信息能够及时、准确地传递和共享。同时，建立反馈机制，鼓励员工积极参与内部控制活动，提出改进意见和建议，促进内部控制活动的不断完善和优化。

（三）内部控制活动执行机制的运行模式

在内部控制活动的计划阶段，民办高校应根据学校的战略目标和业务需求，确定内部控制活动的具体计划和目标。然后，通过明确职责、分配任务、制订详细执行方案等方式，确保内部控制活动能够按计划有序开展。在执行阶段，各级管理层和执行层应严格按照内部控制流程与规范进行操作，确保内部控制活动的有效执行。

监督与检查阶段是确保内部控制活动执行质量的重要环节。民办高校应建立专门的监督机构或指派专人负责内部控制活动的监督工作。通过定期或不定期的检查、审计等方式，对内部控制活动的执行情况进行全面评估和监督。同时，建立问题反馈和整改机制，对发现的问题进行及时整改，确保内部控制活动的持续改进和优化。

评估与反馈阶段是内部控制活动执行机制的闭环管理环节。民办高校应定期对内部控制活动的执行效果进行评估，收集员工的反馈意见，分析内部控制活动的优点和不足。根据评估结果和反馈意见，对内部控制活动的执行机制进行必要的调整和优化，以适应学校运营环境的变化和内部控制需求的变化。

（四）优化内部控制活动执行机制的策略

内部控制文化的建设对优化内部控制活动执行机制具有重要意义。民办高校应加强对内部控制理念的宣传和推广，提高员工对内部控制的认识和重视程度。通过培训、教育等方式，培养员工的内部控制意识和能力，形成全员参与、共同维护内部控制的良好氛围。

信息化技术的应用能够显著提升内部控制活动的执行效率和质量。民办高校应积极推进内部控制活动的信息化建设，利用信息系统对内部控制活动进行集中管理和监控。通过数据共享、自动化处理等方式，减少人为干预和错误，提高内部控制活动的准确性和时效性。

内部监督与激励机制是优化内部控制活动执行机制的重要手段。民办高校应建立严格的内部监督机制，对内部控制活动的执行情况进行定期检查和评估。同时，建立激励机制，对在内部控制活动中表现突出的员工进行表彰和奖励，激发员工参与内部控制活动的积极性和主动性。

二、内部控制活动的监督机制

（一）概述

随着民办高校的快速发展，其内部控制活动的监督机制逐渐成为保障学校稳健运营和防范风险的关键环节。一个健全的监督机制能够确保内部控制活动的有效执行，提高管理效率，降低运营风险。因此，探讨民办高校内部控制活动的监督机制具有重要意义。

（二）内部控制活动监督机制的重要性

内部控制活动的监督机制是确保内部控制体系有效运行的重要保障。通过监督机制，可以对内部控制活动的执行情况进行全面、客观的评价，发现存在的问题和不足，及时采取措施进行改进。同时，监督机制还能够促进内部控制活动的持续优化和创新，推动学校的管理水平不断提升。

（三）内部控制活动监督机制的构建

民办高校应明确内部控制活动的监督主体，通常包括内部审计部门、纪检监察部门等，这些部门应具备独立性和专业性，能够客观、公正地履行监督职责。同时，明确各监督主体的职责范围和工作要求，确保监督工作的全面性和有效性。监督主体应根据学校的实际情况和内部控制活动的特点，确定详细的监督计划与程序。计划应明确监督的时间、频率、范围等要素，程序应规范监督的流程、方法、要求等内容。通过制定科学合理的监督计划与程序，确保监督工作的有序开展。

监督主体应按照监督计划与程序，对内部控制活动进行定期或不定期的监督与检查。通过查阅相关文件、资料，观察内部控制活动的执行情况，与相关人员交流等方式，全面了解内部控制活动的实际情况。同时，对发现的问题进行记录和分析，形成监督报告。针对监督过程中发现的问题，监督主体应提出具体的整改意见和建议，并督促相关部门和人员及时进行整改。同时，建立问题整改跟踪机制，对整改情况进行定期检查和评估。此外，建立反馈机制，鼓励员工积极参与监督过程，提出改进意见和建议，促进内部控制活动的不断完善。

（四）内部控制活动监督机制的运行与保障

为确保监督工作的客观性和公正性，监督主体应保持独立性，避免受到其他部门的干扰和影响。学校应明确监督主体的地位和权限，确保其能够独立履行职责。同时，建立监督主体与被监督对象之间的隔离机制，防止利益冲突和权力滥用。

监督工作的专业性和技术性较强，要求监督人员具备较高的专业素质。因此，民办高校应加强对监督人员的培训和教育，提高其专业水平和业务能力。同时，引入具有丰富经验和专业知识的外部专家参与监督工作，提升监督工作的质量和水平。

信息沟通与共享是监督机制有效运行的基础。民办高校应建立畅通的信息沟通渠道，确保监督主体能够及时获取内部控制活动的相关信息。同时，加强各部门之间的信息共享和协作配合，形成监督合力，提高监督效率。

为激发监督主体的积极性和主动性，民办高校应建立相应的激励机制，对在监督工作中表现突出的个人和团队进行表彰和奖励。同时，建立约束机制，对监督工作中失职、渎职等行为进行严肃处理，确保监督工作的严肃性和权威性。

（五）内部控制活动监督机制的持续改进与创新

民办高校应定期对内部控制活动的监督机制进行评估和反思，总结监督工作的经验和教训，发现存在的问题和不足。通过评估结果，对监督机制进行必要的调整和优化，以适应学校运营环境的变化和内部控制需求的变化。随着管理理念和技术手段的不断更新，民办高校应积极引入先进的监督理念和技术手段，对监督机制进行创新和改进。例如，可以借鉴其他行业的成功经验，引入风险管理、内部控制自我评价等先进理念和方法；同时，利用大数据、云计算等先进技术手段，提高监督工作的智能化和自动化水平。

民办高校应加强与外部监管机构（如教育部门、审计机构等）的合作与交流，了解监管政策和要求，获取专业的指导和帮助。通过与外部监管机构的合作，不断提升学校内部控制活动的监督水平，确保学校的稳健运营和长远发展。

三、执行与监督的协调与配合

（一）概述

在民办高校的运营与管理中，执行与监督是两个至关重要的环节。执行是确保学校战略目标和计划得以落实的关键，而监督则是保障执行过程规范、高效的重要手段。两者相互依存、相互促进，共同推动学校的稳健发展。因此，探讨民办高校执行与监督的协调与配合具有重要意义。

（二）执行与监督的关系分析

执行与监督在民办高校的管理体系中是相辅相成、不可分割的。执行是将决策转化为具体行动的过程，而监督则是对执行过程进行监控、评估和反馈的机制。没有有效的执行，决策和计划只能停留在纸面；缺乏监督的执行，则可能导致偏离目标、效率低下甚至违法违规。因此，只有执行与监督必须相互协调、密切配合，才能确保学校管理的顺利进行。

（三）执行与监督的协调机制

在民办高校中，应明确执行与监督的职责和分工。执行部门负责具体任务的实施和完成，监督部门则负责对执行过程进行监控和评估。两者应各司其职、各尽其责，避免职责交叉和推诿扯皮。同时，还应建立有效的沟通机制，确保信息畅通、协作顺畅。

为确保执行与监督的协调一致，民办高校应制定统一的管理标准与规范。这些标准与规范应涵盖学校的各个方面，包括教学管理、学生管理、财务管理等。通过制定统一的标准与规范，不仅可以确保执行部门有明确的工作目标和要求，监督部门也有明确的评估依据和标准。

信息共享是执行与监督协调配合的基础。民办高校应建立信息共享平台，将学校的各项管理信息、数据资源进行整合和共享。这样，执行部门不仅可以及时了解学校的整体情况和各部门的工作进展，监督部门也可以全面掌握执行过程的情况和问题，为决策提供有力支持。

（四）执行与监督的配合策略

监督部门应通过对执行过程的监控和评估，发现存在的问题和不足，及时提出改进意见和建议。同时，还应建立激励机制，对执行过程中表现突出的部门和个人进行表彰和奖励，激发其积极性和创造力。通过监督的促进作用，可以推动执行部门不断提高工作效率和质量。

执行部门应积极响应监督部门的反馈和建议，认真分析问题原因，制定改进措施并付诸实施。同时，还应主动向监督部门报告工作进展和成果，接受其监督和指导。通过提升执行的响应能力，可以确保监督的有效性和权威性得到充分发挥。

执行与监督部门之间应建立定期沟通机制，就工作中的问题、难点进行交流和讨论。通过沟通协作，可以增进彼此的理解和信任，形成工作合力。此外，还可以开展联合培训、交流学习等活动，提升双方的专业素质和综合能力。

（五）执行与监督协调与配合的实践案例

在民办高校中，已有一些成功的执行与监督协调与配合的实践案例。例如，某民办高校在教学管理中，执行部门严格按照教学计划进行课程安排和教学实施，监督部门则定期对教学质量进行评估和反馈。通过两者的密切配合，该校的教学质量得到了显著提升。又如，在财务管理方面，执行部门负责资金的筹集和使用，监督部门则对资金使用情况进行审计和监督。通过执行与监督的协调配合，该校的财务管理更加规范、透明。

（六）执行与监督协调与配合面临的挑战与对策

尽管执行与监督的协调与配合在民办高校中具有重要意义，但在实际操作中也面临着一些挑战。例如，部门间的利益冲突、信息不对称、沟通不畅等问题都可能影响执行与监督的协调效果。针对这些挑战，民办高校可以采取以下对策：一是加强顶层设计，从制度层面明确执行与监督的职责和关系；二是加强信息化建设，提高信息共享的效率和准确性；三是加强文化建设，营造相互信任、合作共赢的工作氛围；四是加强人员培训，提升执行与监督人员的专业素质和综合能力。

第五章　民办高校信息与沟通机制

第一节　信息与沟通机制的重要性

一、提高决策的效率与准确性

（一）概述

随着民办高校的快速发展和竞争环境的日益激烈，提高决策效率与准确性已成为学校管理的关键所在。决策是民办高校发展的重要驱动力，高效的决策能够帮助学校抓住机遇，规避风险，实现稳健发展。因此，探讨如何提高民办高校的决策效率与准确性具有重要的现实意义。

（二）当前民办高校决策存在的问题

在民办高校中，信息不对称是决策过程中的一大障碍。各部门之间信息流通不畅，导致决策者难以获取全面、准确的信息，从而影响决策的准确性。一些民办高校的决策流程过于烦琐，涉及多个部门和环节，导致决策效率低下。过长的决策周期可能使学校错失发展机遇，甚至面临风险。

部分民办高校在决策过程中缺乏科学的方法和手段，过于依赖经验和个人判断，导致决策结果不稳定，难以保证准确性。决策参与者的素质将直接影响决策的质量和效果。在民办高校中，一些决策参与者缺乏专业知识和技能，难以对复杂问题进行深入分析和判断。

（三）提高决策效率与准确性的策略

信息化建设是提高决策效率与准确性的基础。民办高校应加强信息化建设，建立完善的信息管理系统，实现各部门之间的信息共享和流通。通过信息化手段，决策者可以及时获取全面、准确的信息，为科学决策提供有力支持。针对决策流程烦琐的问题，民办高校应优化决策流程，简化决策环节。可以通过减少审批层次、合并相关环节、设置限时决策等方式，缩短决策周期，提高决策效率。同时，高校还要确保决策流程的规范性和透明度，防止权力滥用和腐败现象的发生。

科学决策方法是提高决策准确性的关键。民办高校应引入现代管理理论和方法，如数据分析、风险评估、决策树等，为决策提供科学依据。同时，高校还要加强决策者的培训和学习，提高其科学决策的能力和水平。决策参与者的素质是影响决策质量和效果的重要因素。民办高校应注重提高决策参与者的专业素质和综合能力，通过培训、引进等方式，打造一支高素质、专业化的决策团队。另外，高校还要加强团队建设，增强团队凝聚力和协作能力，形成合力推动学校发展。

（四）具体实践措施

决策支持系统是提高决策效率与准确性的重要工具。民办高校可以开发或引进决策支持系统，通过数据收集、处理和分析，为决策者提供决策依据和参考。同时，决策支持系统还可以辅助决策者进行方案比选和风险评估，提高决策的科学性和准确性。民主决策是提高决策效率和准确性的有效途径。民办高校应推行民主决策制度，鼓励师生员工积极参与决策过程，充分听取各方面意见和建议。通过集思广益、群策群力，可以汇聚智慧和力量，提高决策的质量和效果。

监督和评估是提高决策效率与准确性的重要保障。民办高校应建立完善的监督和评估机制，对决策过程和执行结果进行监督和评估。通过监督和评估，可以及时发现和纠正决策中存在的问题与不足，推动决策的不断改进和优化。

（五）案例分析

以某民办高校为例，该校通过加强信息化建设、优化决策流程、引入科学决策方法等措施，成功提高了决策效率与准确性。具体来说，该校首先建立了完善的信息管理系统，实现了各部门之间的信息共享和流通；其次，简化决策流程，减少了不必要的审批环节；最后，引入数据分析等科学决策方法，为决策者提供了有力支持。这些措施的实施使得该校的决策更加高效、准确，有力推动了学校的快速发展。

二、促进内部控制的有效实施

（一）概述

随着民办高校的不断发展壮大，内部控制作为保障学校稳健运营和防范风险的重要手段，其重要性日益凸显。有效的内部控制可以帮助民办高校提高管理效率，保障资产安全，促进学校健康持续发展。因此，探讨如何促进民办高校内部控制的有效实施具有重要的现实意义。

（二）民办高校内部控制的重要性

内部控制是民办高校管理体系的重要组成部分，它涉及学校运营的各个方面，包括教学管理、财务管理、人事管理等。通过建立健全内部控制制度，可以规范学校的业务流程，确保各项决策和行动的合法合规性。同时，内部控制还可以帮助学校及时发现和纠正运营过程中存在的问题与不足，提高管理效率，降低风险。

（三）民办高校内部控制的现状与问题

尽管内部控制在民办高校中的重要性不言而喻，但在实际操作中，仍存在一些问题和挑战。一方面，部分民办高校对内部控制的重视程度不够，缺乏完善的内部控制制度和流程；另一方面，即使建立了内部控制制度，但由于执行不力、监督不到位等原因，也会导致内部控制效果不佳。

具体来说，民办高校内部控制存在的问题主要包括以下几个方面：一是内部控制环境不完善，缺乏良好的内部控制文化氛围；二是内部控制活动不规范，业务流程存在漏洞和风险点；三是信息与沟通不畅，导致决策失误和资源浪费；四是内部监督不到位，缺乏对内部控制执行情况的有效监督和评价。

（四）促进民办高校内部控制有效实施的策略

内部控制环境的优化是内部控制有效实施的基础。民办高校应加强对内部控制重要性的宣传和教育，提高全体员工的内部控制意识。同时，建立完善的内部控制组织架构，明确各部门的职责和权限，形成权责清晰、协调配合的工作机制。内部控制活动的规范是内部控制有效实施的关键。民办高校应根据学校实际情况，制定详细的内部控制流程和制度，明确各项业务活动的操作规范和要求。同时，加强对业务流程的监督和检查，确保各项内部控制措施得到有效执行。

信息与沟通是内部控制有效实施的重要保障。民办高校应建立健全的信息管理系统，实现信息的及时传递和共享。同时，加强内部沟通机制建设，鼓励员工积极参与内部控制活动，提出改进意见和建议。通过加强信息与沟通，可以提高内部控制的透明度和效率。内部监督与评价是内部控制有效实施的重要手段。民办高校应设立专门的内部审计机构或委托外部审计机构对学校的内部控制执行情况进行定期审计和评估。通过审计和评估，可以发现内部控制存在的问题和不足，提出改进措施和建议，推动内部控制的不断完善和优化。

（五）案例分析

以某民办高校为例，该校在促进内部控制有效实施方面采取了一系列措施。首先，学校加强了内部控制环境的建设，通过举办内部控制知识培训、制定内部控制手册等方式，提高了全体员工的内部控制意识。其次，学校规范了内部控制活动，制定了详细的业务流程和操作规范，并加强了对业务流程的监督和检查。再次，学校加强了信息与沟通机制建设，建立了完善的信息管理系统和内部沟通渠道。最后，学校强化了内部监督与评价机制，设立了内部审计机构定期对内部控制执行情况进行审计和评估。这些措施的实施使得该校的内部控制得到了有效加强，提高了学校的管理效率和风险防范能力。

三、增强学校的竞争力与适应性

（一）概述

在当今日益激烈的教育竞争环境中，民办高校面临着来自公办高校、国际教育机构以及社会变革的多重挑战。为了保持持续的发展并赢得竞争优势，民办高校必须不断增强自身的竞争力与适应性。竞争力体现在学校的教学质量、科研水平、师资力量、品牌建设等多个方面，而适应性则是指学校在面对外部环境变化时，能够迅速调整自身战略和运营模式，以适应新的发展需求。

（二）提升教学质量，打造核心竞争力

教学质量是民办高校的生命线，是提升竞争力的关键所在。为此，民办高校应致力于构建完善的教学体系，优化课程设置，更新教学方法和手段。同时，加强师资队伍建设，引进和培养高水平的教学人才，提高教师的教学水平和创新能力。此外，民办高校还应注重实践教学环节，加强与企业和行业的合作，为学生提供更多实践机会，培养学生的实践能力和创新精神。

（三）加强科研创新，提升学术影响力

科研水平是衡量一所高校综合实力的重要指标之一。民办高校应加大科研投入力度，鼓励教师开展科研活动，提高科研成果的质量和数量。通过加强科研创新，不仅可以提升学校的学术影响力，还可以为教学提供有力支撑，推动人才培养质量的提升。此外，科研合作与交流也是提升学校竞争力的重要途径，民办高校应积极寻求与国内外高校、科研机构的合作机会，共同开展科研项目，实现资源共享和优势互补。

（四）优化师资结构，增强师资力量

师资力量是学校竞争力的重要组成部分。民办高校应重视师资队伍的建设，通过引进优秀人才、培养现有教师、优化师资结构等方式，增强师

资力量。同时，建立健全的师资激励机制，激发教师的工作热情和创新能力，为教师提供良好的工作环境和发展空间。此外，加强师德师风建设，提高教师的职业素养和责任意识，也是提升学校竞争力的重要举措。

（五）加强品牌建设，提升学校知名度

品牌是学校的重要资产，是提升竞争力的关键因素之一。民办高校应注重品牌建设，通过加强宣传、扩大影响力、提高社会认可度等方式，提升学校的知名度和美誉度。同时，注重品牌形象的塑造和维护，确保学校的品牌形象与学校的办学理念和特色相符合。此外，积极参与社会公益活动，展示学校的社会责任和担当，也是提升学校品牌形象的有效途径。

（六）增强适应性，灵活应对环境变化

面对外部环境的变化，民办高校应增强适应性，灵活调整自身的战略和运营模式。首先，民办高校要密切关注政策变化和市场需求，及时调整专业设置和人才培养方向，以适应新的社会发展需求。其次，加强与国际教育机构的交流与合作，引进先进的教育理念和教育资源，提升学校的国际化水平。最后，注重内部管理机制的改革和创新，优化管理流程，提高管理效率，为学校的持续发展提供有力保障。

第二节　信息与沟通机制的构建

一、信息系统的建设与完善

（一）概述

随着信息技术的迅猛发展，信息系统已成为民办高校运营和管理的重要支撑。信息系统的建设与完善对提高学校的管理效率、优化教学资源配置、促进教育教学改革等方面具有至关重要的作用。

（二）民办高校信息系统建设现状

近年来，越来越多的民办高校开始重视信息系统的建设，并取得了一定的成效。一方面，大部分民办高校已经建立了基本的校园网络，实现了校园内的信息互联互通；另一方面，一些高校引入先进的教学管理系统、学生管理系统等，提高了学校的管理水平和教学质量。

然而，与公办高校相比，民办高校在信息系统建设方面仍存在一定的差距。首先，部分民办高校对信息系统建设的投入不足，导致系统设施不完善，无法满足学校日益增长的信息化需求。其次，信息系统的整合与共享程度不高，各部门之间的"信息孤岛"现象仍然存在，影响了信息的流通和利用效率。最后，信息系统的安全性和稳定性有待提高，以保障学校信息资产的安全和稳定运行。

（三）民办高校信息系统存在的问题

尽管民办高校在信息系统建设方面取得了一定的进展，但仍存在一些问题亟待解决。

部分民办高校在信息系统建设过程中缺乏统一规划，导致各个系统之间缺乏有效衔接，无法实现信息的共享和互通。这不仅增加了学校的维护成本，也影响了信息系统的整体效能。随着信息技术的快速发展，新的技术不断涌现。然而，一些民办高校的信息系统仍停留在较旧的技术水平上，未能及时跟进技术更新，导致系统的功能和性能无法满足学校的发展需求。

在信息系统建设过程中，数据安全和隐私保护是至关重要的。然而，一些民办高校在信息系统建设中忽视了数据安全和隐私保护的重要性，导致学校的信息资产数据面临泄露和滥用的风险。

（四）民办高校信息系统的完善策略

针对上述问题，民办高校应采取以下策略来完善信息系统建设。

民办高校应制订统一的信息系统建设规划，明确建设目标、任务和时间节点。同时，加强各系统之间的集成和整合，打破"信息孤岛"，实现信息的共享和互通。这有助于提高信息的流通和利用效率，降低学校的维护成本。民办高校应密切关注信息技术的发展动态，及时跟进技术更新。通过引入先进的技术和设备，提升信息系统的功能和性能，满足学校日益增长的信息化需求。同时，加强对信息系统的维护和升级工作，确保系统的稳定运行。

在信息系统建设过程中，民办高校应高度重视数据安全和隐私保护。通过加强数据加密、访问控制等安全措施，保障学校信息资产的安全。同时，建立完善的隐私保护制度，明确个人信息的收集、使用和存储规范，防止信息泄露和滥用。信息系统的建设与完善离不开专业人才的支撑。民办高校应加大对信息技术人才的培养和引进力度，建立一支高素质的信息技术团队。通过定期培训和交流学习，提高团队成员的专业技能和创新能力，为信息系统的建设和完善提供有力保障。

二、沟通渠道的建立与维护

（一）概述

在民办高校运营与管理的过程中，沟通渠道的建立与维护是确保信息有效传递、促进团队协作、提高工作效率的关键环节。良好的沟通渠道不仅能够加强学校内部各部门之间的协作与配合，还能够提升学校与外部环境的互动及交流，为学校的稳定发展和持续改进提供有力保障。

（二）民办高校沟通渠道的重要性

沟通渠道是信息传递的桥梁和纽带，对民办高校而言，其重要性主要体现在以下几个方面：

良好的沟通渠道能够确保学校内部各部门之间、师生之间以及学校与外部环境之间的信息得到有效传递。这有助于减少信息误解和失真，提高决策的科学性和准确性。通过建立畅通的沟通渠道，可以促进学校内部各部门之间的协作与配合，形成工作合力。同时，也有助于增强师生之间的信任和理解，营造和谐的工作氛围。

通过积极与外部环境进行沟通和交流，可以展示学校的办学特色和成果，提升学校的知名度和美誉度。这有助于增强学校的竞争力和社会影响力。

（三）民办高校沟通渠道的建立策略

为了建立有效的沟通渠道，民办高校可以从以下几个方面入手：

在建立沟通渠道之前，首先要明确沟通的目标和需求。这包括确定沟通的对象、内容、方式和频率等，以确保沟通渠道的更具针对性和有效性。民办高校应根据实际情况建立多样化的沟通方式，如会议、邮件、电话、社交媒体等。这有助于满足不同部门和人员的沟通需求，提高沟通效率。

学校应投入必要的资源和精力来加强沟通渠道的建设与管理。这包括完善沟通制度、优化沟通流程、提升沟通技术水平等，以确保沟通渠道的畅通和高效。

（四）民办高校沟通渠道的维护策略

民办高校应定期对沟通渠道进行评估，检查其运行状况、信息传递效果以及使用者的满意度等。根据评估结果，及时调整沟通策略，优化沟通渠道，确保其适应学校发展的需要。鼓励学校内部各部门和人员积极使用沟通渠道，同时及时收集他们的反馈意见。对存在的问题和不足，学校要及时进行改进和完善，以提升沟通渠道的使用效果。

沟通不仅是一种技术，更是一种意识和能力。民办高校应加强对师生沟通意识和技能的培养，通过开展培训、讲座等活动，提高他们的沟通素养和水平。在维护沟通渠道的过程中，民办高校应高度重视信息安全与保密工作。通过建立完善的信息安全管理制度和技术手段，确保沟通渠道中的信息不被泄露、滥用或篡改，保障学校的信息资产安全。

（五）民办高校沟通渠道建立与维护面临的挑战及对策

在建立与维护沟通渠道的过程中，民办高校可能会面临一些挑战，如文化差异、技术难题、人员抵触等。在多元化背景下，民办高校应尊重不同部门和人员的文化差异，通过加强文化交流和融合，增进彼此的理解和信任，为沟通渠道的建立与维护创造良好氛围。针对技术难题，民办高校可以积极引进先进的通信技术、信息管理系统等，提升沟通渠道的技术水平。同时，加强对新技术的培训和推广，提高师生的使用能力。

对可能出现的人员抵触心理问题，民办高校可以通过加强宣传引导、组织培训等方式，让师生了解沟通渠道的重要性和优势，消除他们的疑虑和抵触情绪。

三、信息与沟通机制的整合与优化

（一）概述

在信息化时代，信息与沟通机制对民办高校的运营和发展具有至关重要的作用。有效的信息与沟通机制能够确保学校内部各部门之间、师生之间以及学校与外部环境的顺畅交流，促进信息的有效传递和共享，提高学校的决策效率和执行力。然而，当前许多民办高校在信息与沟通机制方面仍存在诸多问题，如"信息孤岛"、沟通不畅、信息传递效率低下等。因此，整合与优化民办高校的信息及沟通机制，提升学校的信息化水平和管理效能，已成为当务之急。

（二）民办高校信息与沟通机制的现状分析

当前，民办高校在信息与沟通机制方面取得了一定的进展，但仍然存在一些问题和不足。一方面，部分高校已经建立了较为完善的信息系统，实现了信息的数字化和网络化，为信息的传递和共享提供了便利。另一方面，一些高校开展了多种形式的沟通活动，如座谈会、研讨会等，促进了学校内部的交流与合作。然而，仍有许多民办高校在信息与沟通机制方面存在以下问题：由于各部门之间缺乏有效的信息共享和沟通机制，导致信息无法有效流通和共享，形成了"信息孤岛"。这不仅影响了信息的准确性和完整性，也制约了学校的整体运营效率。部分民办高校的沟通渠道单一、不畅通，缺乏有效的反馈机制。这导致师生在沟通中遇到问题时无法及时得到解决，影响了学校的稳定发展和师生关系的和谐。

由于信息传递流程烦琐、不规范，以及信息处理能力有限，导致信息传递效率低下。这不仅影响了学校的决策速度和执行力，也会增加学校的运营成本。

（三）民办高校信息与沟通机制的整合策略

通过搭建统一的信息管理平台，实现学校内部各部门之间的信息共享和互通。该平台应具备数据整合、处理和分析功能，能够提供准确、及时的信息支持，为学校的决策提供有力保障。建立多样化的沟通渠道和方式，包括线上和线下的沟通平台、定期会议、座谈会等。同时，鼓励师生积极参与沟通活动，提出意见和建议，促进学校内部的民主决策和和谐发展。

简化信息传递流程，规范信息传递方式，提高信息传递效率。学校要通过制定明确的信息传递标准和流程，确保信息的准确性和及时性。同时，加强对信息处理人员的培训和管理，提高他们的信息处理能力和效率。

（四）民办高校信息与沟通机制的优化措施

加大对信息化建设的投入力度，提升学校的信息化水平。这包括引进先进的信息技术、更新信息设备、完善信息系统等。通过信息化建设的持续推进，为信息与沟通机制的优化提供有力支撑。建立有效的信息反馈机制，及时收集和处理师生对信息与沟通机制的反馈意见。通过定期调查、座谈会等方式，了解师生的需求和意见，更具针对性地改进和优化信息与沟通机制。

积极推广信息化应用和文化，提高师生对信息化建设的认识和参与度。通过开展信息化培训、宣传等活动，增强师生的信息化素养和意识，推动信息与沟通机制在全校范围内的广泛应用和深入发展。

第三节　信息化在内部控制中的应用

一、信息化在内部控制中的作用与价值

（一）概述

随着信息技术的飞速发展和普及，信息化已成为推动民办高校现代化管理的重要手段。内部控制作为学校管理的重要组成部分，其有效实施对

保障学校资产安全、提高管理效率、促进学校稳健发展具有重要意义。

（二）民办高校信息化与内部控制的关系

信息化与内部控制在民办高校管理中相辅相成，共同推动学校管理的现代化和规范化。信息化为内部控制提供了先进的技术手段和工具，使得内部控制更加高效、精准；内部控制则是信息化建设的重要保障，确保信息化系统的安全、稳定、可靠运行。

（三）民办高校信息化在内部控制中的作用

通过信息化建设，民办高校可以建立统一的信息管理平台，实现数据的集中存储、处理和共享。这不仅可以减少人工操作和数据传递的环节，降低出错率，还可以提高内部控制的效率和准确性。同时，信息化系统还可以自动化完成部分内部控制流程，如财务审批、资产管理等，进一步提高内部控制的效率。

应用信息化系统可以帮助民办高校建立全面的风险管理体系，通过数据分析和监测，及时发现潜在的风险和问题。例如，通过财务数据分析，可以识别出财务风险点，采取相应的风险控制措施；通过学生信息管理，可以监控学生的学习和生活状态，预防学生管理风险。此外，应用信息化系统还可以设置预警机制，当达到设定的风险阈值时，就会自动触发预警提示，以便学校及时采取措施应对风险。

应用信息化建设使得民办高校的内部控制流程更加透明、规范。通过信息化系统，学校可以清晰地了解各项业务流程的执行情况，及时发现并优化不合理的流程环节。此外，应用信息化系统还可以提供流程执行的数据分析，为学校管理层提供决策支持，推动内部控制流程的持续改进和优化。

应用信息化系统使得内部控制信息得以实时更新和共享，提高信息的透明度。学校各部门之间可以通过信息化平台实时了解彼此的工作进展和内部控制情况，加强了部门间的沟通与协作。同时，应用信息化系统还可以为外部审计和监管提供便捷的数据支持，增强学校的公信力和社会认可度。

（四）民办高校信息化在内部控制中的价值体现

通过信息化手段加强内部控制，民办高校可以实现对学校各项业务的全面监控和管理，确保各项决策和行动符合学校的整体战略和目标。这有助于提升学校的管理水平和治理效能，为学校的长远发展奠定坚实基础。内部控制的核心目标之一是保障学校资产的安全和完整。信息化建设使得学校可以更加精准地掌握资产信息，加强对资产的监控和管理。通过信息化系统，学校可以实时了解资产的变动情况，及时发现并处理资产损失或浪费问题，确保学校资产的安全和有效利用。

信息化建设不仅有助于提升学校的管理水平，还可以为教育教学提供有力支持。通过信息化系统，学校可以更加精准地掌握学生的学习情况和需求，为个性化教学提供数据支持。同时，信息化手段还可以丰富教学手段和资源，提高教学效率和质量。在信息化时代，学校的信息化建设水平已成为衡量学校综合实力和竞争力的重要指标之一。通过加强信息化建设并优化内部控制机制，民办高校可以提升自身的管理水平、教学质量和社会声誉，增强其在激烈竞争中的优势和地位。

二、信息化内部控制的具体实践

（一）概述

随着信息技术的快速发展，信息化已经成为民办高校提升管理水平和运营效率的重要手段。内部控制作为学校管理的核心环节，其信息化实践对保障学校资产安全、提高管理效率、促进学校稳健发展具有重要意义。

（二）信息化内部控制体系建设

民办高校应首先构建完善的信息化内部控制框架，明确内部控制的目标、原则、方法和流程。该框架应涵盖学校的各个业务领域和管理层级，确保内部控制的全面性和有效性。在构建框架的基础上，学校应制定具体的信息化内部控制规范，包括内部控制的标准、流程、责任分工等。这些规范应紧密结合学校的实际情况，确保内部控制的可行性和实用性。

为了提高全校师生对信息化内部控制的认识和重视程度，学校应定期开展内部控制培训，包括内部控制的基本知识、信息化手段在内部控制中的应用等。通过培训，增强师生的内部控制意识和能力。

（三）信息化内部控制在具体业务领域的应用

在财务管理方面，民办高校应建立财务信息化系统，实现财务数据的实时录入、处理、分析和监控。通过设定权限和审批流程，确保财务数据的准确性和安全性。同时，学校还要利用财务数据分析工具，对学校的财务状况进行实时监控和预警，及时发现并解决潜在的财务风险。教学管理是学校工作的核心环节之一。民办高校应建立教学管理信息化系统，实现教学资源的优化配置和教学过程的有效监控。通过系统化管理，确保教学计划的执行和教学质量的提升。同时，学校还要利用数据分析工具，对学生的学习情况进行实时监控和反馈，为个性化教学提供数据支持。

资产管理是学校资产保值增值的重要保障。民办高校应建立资产管理信息化系统，实现资产的全面管理和实时监控。通过系统化管理，确保资产的采购、使用、处置等各个环节的合规性和有效性。同时，学校还要利用数据分析工具，对资产的使用情况进行定期评估和优化，提高资产的使用效率。

（四）信息化内部控制的风险管理与监控

民办高校应建立风险评估机制，定期对学校的各项业务和管理活动进行风险评估。通过识别和分析潜在的风险点，制定相应的风险应对措施，确保学校的稳健发展。为了确保信息化内部控制的有效性，民办高校应定期开展内部控制审计。通过审计，发现内部控制存在的问题和不足，提出改进意见和建议，推动内部控制的持续优化。

民办高校应建立监控预警系统，对学校的各项业务和管理活动进行实时监控和预警。通过设置预警指标和阈值，当达到预警条件时，系统就会自动触发预警提示，以便学校及时采取措施应对潜在风险。

（五）信息化内部控制的实践成效与面临的挑战

通过信息化内部控制的具体实践，民办高校可以显著提高内部控制的效率和准确性，降低出现人为错误和舞弊的风险。同时，信息化手段使得内部控制更加透明和可视化，提高了学校的管理水平和治理效能。此外，信息化内部控制还有助于提升学校的竞争力和社会声誉，为学校的长远发展奠定坚实基础。

尽管信息化内部控制带来了诸多优势，但在实践中也面临一些挑战。首先，信息化内部控制需要投入大量的资金和人力资源进行建设与维护，这对一些资源有限的民办高校来说可能是一个难题。其次，信息化内部控制需要全校师生的共同参与和配合，如何提高师生的参与度和认同感是一个需要解决的问题。最后，随着信息技术的不断发展和更新换代，如何保持信息化内部控制的先进性和适应性是其面临的持续挑战。

第四节　沟通渠道的建设与维护

一、沟通渠道的选择与建立

（一）概述

沟通是组织内部有效运作的关键环节，对民办高校而言，良好的沟通渠道不仅有助于提升管理效率，还能增强师生间的信任与合作，促进学校的稳健发展。因此，选择并建立适合民办高校的沟通渠道显得尤为重要。

（二）民办高校沟通渠道的重要性

在民办高校中，沟通渠道扮演着信息传递、意见交流、决策协调等多重角色。有效的沟通渠道可以确保学校内部信息的及时传递和准确理解，减少误解和冲突，提高工作效率。同时，良好的沟通渠道还能促进师生之间的互信与合作，增强学校的凝聚力和向心力。此外，通过沟通渠道，学校可以及时了解师生的需求和意见，为决策提供有力支持，推动学校的持续发展。

（三）民办高校沟通渠道的选择

正式沟通渠道通常包括会议、报告、文件等，具有规范、严谨的特点，适用于传递重要信息、决策通知等。非正式沟通渠道则更加灵活多样，如闲聊、社交媒体等，这些渠道都能够迅速传递信息和情感，增强团队凝聚力。民办高校在选择沟通渠道时，应分别根据具体情况灵活运用这两种渠道，以达到最佳的沟通效果。

传统沟通渠道如面对面交谈、书信等，具有直接、真实的优点，但可能受到时空限制。现代沟通渠道如电子邮件、即时通信工具等，则具有便捷、高效的特点，能够突破时空限制，实现快速沟通。随着信息技术的不断发展，现代沟通渠道在民办高校中的应用越来越广泛。然而，传统沟通渠道在某些情况下仍具有不可替代的作用。因此，民办高校应结合实际情况，合理选择并分别运用这两种沟通渠道。

（四）民办高校沟通渠道的建立与优化

在建立沟通渠道之前，民办高校应明确沟通的目标和需求，以便选择合适的沟通方式和手段。例如，对需要快速传递的信息，可以选择现代沟通渠道；对需要深入讨论的问题，则可以选择正式沟通渠道。为了满足不同师生的沟通需求，民办高校应建立多元化的沟通渠道。这包括定期召开会议、设立意见箱、建立在线论坛等。这些渠道应相互补充，形成一个完整的沟通网络，确保信息能够畅通无阻地传递。

沟通渠道的管理与维护同样重要。民办高校应指定专人负责沟通渠道的日常管理和维护工作，确保渠道的畅通和有效运行。同时，学校还应定期对沟通渠道进行评估和调整，以适应师生需求的变化和外部环境的发展。

沟通渠道的建立与优化离不开师生的积极参与和支持。因此，民办高校应加强对师生沟通意识和能力的培养，使他们能够充分利用沟通渠道进行信息交流和意见表达。这可以通过开展沟通培训、举办沟通活动等方式实现。

（五）沟通渠道建立中的注意事项

在建立沟通渠道时，民办高校应确保传递的信息真实、准确，避免虚假信息的传播。这需要对信息进行严格把关，确保来源可靠，内容真实。在沟通过程中，民办高校应尊重师生的个人隐私和权益，避免泄露敏感信息或侵犯他人权益。这需要在沟通渠道的设计和管理中充分考虑隐私保护问题。

沟通渠道的建立并非一蹴而就，需要不断地反馈和调整。民办高校应定期对沟通渠道的效果进行评估，收集师生的意见和建议，及时调整和优化沟通策略。

二、沟通渠道的维护与更新

（一）概述

在民办高校的管理与运营中，沟通渠道的维护与更新是一项至关重要的任务。随着学校的不断发展与壮大，以及师生需求的日益多样化，原有的沟通渠道可能会逐渐暴露出一些问题，甚至无法满足当前的沟通需求。因此，为了保障沟通渠道的畅通与高效，民办高校需要定期对沟通渠道进行维护与更新。

（二）沟通渠道维护的重要性

沟通渠道的维护对民办高校的运营与发展具有重要意义。首先，维护沟通渠道可以确保信息的准确传递。在日常工作中，信息的传递是组织内部沟通的基础。如果沟通渠道存在问题，信息的传递就可能受到阻碍，导致误解和冲突的产生。通过定期维护和检查沟通渠道，可以及时发现并解决潜在的问题，确保信息的准确传递。

其次，维护沟通渠道可以增强师生间的信任与合作。良好的沟通渠道能够促进师生之间的信息交流与意见表达，增强相互之间的了解和信任。通过维护沟通渠道，学校可以确保师生的声音得到及时、有效的回应，增强师生的归属感和满意度，从而推动学校的和谐发展。

最后，维护沟通渠道可以提升学校的管理效率。有效的沟通渠道可以加速决策的制定与执行，减少因沟通不畅而导致的延误和失误。通过维护沟通渠道，学校可以确保信息的快速传递和共享，提高决策的质量和效率，推动学校的高效运转。

（三）沟通渠道的维护策略

为了确保沟通渠道的畅通与高效，民办高校应定期对沟通渠道进行检查与评估。这包括对沟通渠道的硬件设施、软件平台以及使用情况进行全面检查，发现潜在的问题并及时解决。同时，民办高校还需要对沟通渠道的使用效果进行评估，了解师生的满意度和需求，以便对沟通渠道进行必要的调整和优化。

沟通渠道的维护与更新离不开技术支持与培训。民办高校应加强对沟通渠道技术人员的培训和管理，提高他们的专业技能和服务意识。同时，民办高校还需要为师生提供必要的技术支持，帮助他们熟练掌握和使用沟通工具，提高沟通效率和质量。

为了及时了解沟通渠道的问题与不足，民办高校应建立有效的反馈机制。这可以通过设立意见箱、开展在线调查等方式实现，鼓励师生积极提出意见和建议。学校应认真倾听师生的声音，对反馈的问题进行认真分析和处理，不断完善沟通渠道的功能和服务。

（四）沟通渠道的更新策略

随着信息技术的不断发展，新的沟通工具和平台不断涌现。民办高校应密切关注技术发展动态，及时引入新的沟通工具和平台，以满足师生多样化的沟通需求。例如，可以引入即时通信工具、社交媒体等新型沟通方式，提高沟通的便捷性和互动性。沟通渠道的更新应始终以师生的需求为导向。民办高校应定期对师生的沟通需求进行调查和分析，了解他们的期望和痛点。根据师生的需求变化，对沟通渠道进行相应的调整和优化，确保沟通渠道的实用性和有效性。

在更新沟通渠道时，民办高校应注重优化功能与服务。例如，可以优化沟通平台的界面设计，使其更加简洁明了；可以增加在线帮助和客服支持，提高师生的使用体验；可以引入数据分析功能，对沟通数据进行深入挖掘和分析，为学校的管理和决策提供有力支持。

（五）沟通与协作在维护与更新过程中的重要性

在维护与更新沟通渠道的过程中，沟通与协作起着至关重要的作用。首先，学校各部门之间需要保持密切的沟通与协作，共同制订维护和更新计划，确保工作的顺利进行。其次，学校与师生之间需要建立良好的沟通机制，及时了解他们的需求和反馈，为维护和更新工作提供有力的支持。最后，学校需要与技术供应商保持紧密的合作关系，共同解决技术难题，推动沟通渠道的持续优化。

三、沟通渠道的效果评估与改进

（一）概述

在民办高校的运营与管理中，沟通渠道的效果评估与改进是一项至关重要的任务。有效的沟通渠道不仅能够促进信息的快速传递与共享，增强师生间的信任与合作，还能够提升学校的管理效率与决策水平。因此，对沟通渠道的效果进行定期评估，并根据评估结果进行有针对性的改进，是确保民办高校稳健发展的关键环节。

（二）沟通渠道效果评估的重要性

沟通渠道效果评估的重要性主要体现在以下几个方面：

首先，效果评估有助于了解沟通渠道的实际运行状况。通过对沟通渠道的使用情况、信息传递速度、反馈机制等进行评估，学校可以清晰地了解沟通渠道的优点和不足，为后续的改进工作提供依据。

其次，效果评估能够发现沟通渠道存在的问题与瓶颈。在评估过程中，学校可能会发现沟通渠道存在信息传递不畅、反馈不及时、使用不便等问题。这些问题如果不及时解决，将会影响沟通渠道的效能，甚至阻碍学校的正常运营。

最后，效果评估能够为沟通渠道的改进提供方向和目标。通过对评估结果的分析，可以明确沟通渠道需要改进的具体方面，如优化信息传递流程、完善反馈机制、提升使用便捷性等。这些方向和目标将为学校后续的改进工作提供指导。

（三）沟通渠道效果评估的方法

在进行沟通渠道效果评估时，可以采用以下几种方法：

问卷调查法：通过设计问卷，向师生征集关于沟通渠道使用情况的意见和建议。这种方法可以直观地了解师生对沟通渠道的满意度和需求，为改进工作提供有力支持。

数据分析法：对沟通渠道中的数据进行收集和分析，如信息传递的速度、数量、准确性等。通过数据分析，可以客观地评估沟通渠道的效能和效率。

观察法：通过实地观察沟通渠道的使用情况，了解沟通渠道在实际运行中的问题和瓶颈。这种方法可以直观地发现沟通渠道存在的问题，为后续改进提供依据。

（四）沟通渠道效果的改进策略

根据沟通渠道效果评估的结果，可以采取以下策略进行改进：

优化信息传递流程：针对信息传递不畅的问题，学校可以优化信息传递流程，减少信息传递环节，提高信息传递速度。可以建立信息共享平台，促进信息的快速共享与利用。

完善反馈机制：为了及时解决师生在使用沟通渠道过程中遇到的问题，学校应完善反馈机制。可以设立专门的反馈渠道，如意见箱、在线客服等，确保师生的反馈能够得到及时、有效的回应。

提升使用便捷性：针对沟通渠道使用不便的问题，学校可以通过改进界面设计、增加操作提示等方式提升使用便捷性。同时，学校还可以开展培训活动，帮助师生熟练掌握沟通工具的使用方法。

引入新技术与工具：随着技术的不断发展，新的沟通工具与平台不断涌现。民办高校可以积极引入新技术与工具，如即时通信软件、智能客服系统等，提升沟通渠道的效能与效率。

（五）持续改进与循环评估

沟通渠道的维护与改进并非一蹴而就的过程，而是一个持续改进与循环评估的螺旋式上升过程。因此，民办高校应建立长效机制，定期对沟通渠道的效果进行评估，并根据评估结果及时调整和改进。同时，学校还需要关注新技术和新理念的发展动态，不断引入新的元素和方法，推动沟通渠道的持续优化和升级。

第六章 民办高校内部监督体系

第一节 内部监督体系的作用与意义

一、保障内部控制的有效执行

（一）概述

随着民办高校的快速发展，内部控制的重要性日益凸显。有效的内部控制不仅可以确保学校财务活动的合规性，还能够提高管理效率，降低运营风险。然而，由于民办高校的特殊性质，其内部控制的执行往往面临诸多挑战。因此，探讨如何保障民办高校内部控制的有效执行，对促进学校的稳健发展具有重要意义。

（二）内部控制在民办高校中的重要性

内部控制是民办高校管理体系的重要组成部分，它涉及学校的财务、教学、科研、招生等各个方面。有效的内部控制能够确保学校各项活动的合规性，防止舞弊和错误的发生，保护学校的资产安全。同时，执行内部控制还能够提高管理效率，优化资源配置，为学校的长远发展提供有力保障。

（三）民办高校内部控制执行面临的挑战

尽管内部控制对于民办高校的重要性不言而喻，但在实际执行过程中，往往面临以下挑战：

内部控制意识薄弱：部分民办高校管理层对内部控制的重要性认识不

足，缺乏必要的内部控制意识。这导致内部控制制度的制定和执行缺乏足够的重视与支持。

内部控制制度不完善：一些民办高校的内部控制制度存在缺陷和不足，如制度设计不合理、流程不清晰、责任不明确等。这使得内部控制在实际操作中难以发挥应有的作用。

内部控制执行不到位：即使制定了完善的内部控制制度，但在实际执行过程中，往往由于人员素质不高、监督不力等原因，也会导致内部控制执行不到位，无法达到预期效果。

（四）保障民办高校内部控制有效执行的策略

为了保障民办高校内部控制的有效执行，可以从以下几个方面入手：

提高内部控制意识：加强内部控制的宣传和培训，提高管理层和教职工对内部控制重要性的认识。通过举办内部控制知识讲座、开展内部控制案例分析等活动，增强全校师生的内部控制意识。完善内部控制制度：根据民办高校的实际情况，制定科学、合理、可行的内部控制制度。制度应涵盖学校的各个方面，包括财务审批、资产管理、教学管理等。同时，高校还要明确各项制度的责任主体和执行流程，确保内部控制制度的可操作性和有效性。

加大内部控制执行力度：建立健全内部控制执行机制，明确各级管理人员在内部控制中的职责和权限。加强对内部控制执行情况的监督和检查，及时发现和纠正执行过程中存在的问题。对违反内部控制制度的行为，要严肃处理，形成有效的威慑力。

提升内部控制人员素质：加强内部控制人员的培训和教育，提高其专业素养和业务能力。通过定期举办内部控制培训班、开展业务交流等活动，提升内部控制人员的综合素质和执行能力。

强化信息化建设：利用现代信息技术手段，加强内部控制的信息化建设。通过建立内部控制信息系统，实现内部控制数据的实时采集、分析和监控，提高内部控制的效率和准确性。

（五）持续改进与动态调整

内部控制的执行并非一劳永逸，而是一个持续改进与动态调整的过程。民办高校应建立内部控制的定期评估机制，对内部控制制度的执行情况进行定期检查和评估。同时，根据学校的发展变化和外部环境的变化，及时调整和完善内部控制制度，确保其始终与学校的实际情况相适应。

此外，民办高校还应积极借鉴其他高校或行业的先进经验，不断优化内部控制流程和方法。通过引入新的管理理念和技术手段，不断提升民办高校内部控制的水平和效果。

二、提高内部控制的质量与水平

（一）概述

随着教育领域的快速发展和变革，民办高校作为高等教育的重要组成部分，其运营和管理面临着前所未有的挑战。内部控制作为学校管理的重要工具，对保障学校稳健运行、提高管理效率、降低风险具有至关重要的作用。因此，提高民办高校内部控制的质量与水平，成为当前亟待解决的问题。

（二）内部控制在民办高校中的重要性

内部控制是民办高校管理体系的核心组成部分，它贯穿学校运营的各个环节，确保学校各项活动的合规性、有效性和安全性。高质量的内部控制不仅有助于规范学校的管理行为，防止舞弊和错误的发生，还能提升学校的整体运营效率，增强学校的竞争力。

（三）当前民办高校内部控制存在的问题

尽管内部控制在民办高校中的重要性不言而喻，但在实际操作中，仍然存在一些问题，往往会制约内部控制质量与水平的提升。

内部控制意识薄弱：部分民办高校对内部控制的重要性认识不足，缺乏必要的内部控制意识。这导致学校在日常运营中忽视内部控制的建设和完善，使得内部控制形同虚设。

内部控制制度不完善：一些民办高校的内部控制制度存在缺陷和不足，如制度设计不合理、流程不清晰、责任不明确等。这使得内部控制在实际操作中难以发挥应有的作用，甚至可能产生误导和漏洞。

内部控制执行不力：即使制定了完善的内部控制制度，但在实际执行过程中，往往由于人员素质不高、监督不力等原因，也会导致内部控制执行不到位，无法达到预期效果。

信息沟通与协调不畅：内部控制涉及多个部门和人员，需要良好的信息沟通和协调机制。然而，部分民办高校可能在信息沟通和协调方面存在障碍，导致内部控制工作难以顺利开展。

（四）提高民办高校内部控制质量与水平的策略

针对以上问题，民办高校应采取以下策略来提高内部控制的质量与水平：

强化内部控制意识：学校管理层应充分认识到内部控制的重要性，并将其纳入学校的发展战略中。通过举办内部控制知识培训、分享内部控制成功案例等方式，提高全校师生对内部控制的认识和重视程度。

完善内部控制制度：根据学校的实际情况和业务特点，制定科学、合理、可行的内部控制制度。制度应涵盖学校的各个方面，包括财务管理、招生就业、教学管理、科研管理等。同时，要确保制度的可操作性和灵活性，以适应学校发展的变化。

加强内部控制执行力度：建立健全内部控制执行机制，明确各级管理人员在内部控制中的职责和权限。加强对内部控制执行情况的监督和检查，及时发现和纠正执行过程中存在的问题。对违反内部控制制度的行为，要严肃处理，形成有效的威慑力。

提升内部控制人员素质：加强内部控制人员的培训和教育，提高其专业素养和业务能力。通过定期举办内部控制培训班、开展业务交流等方式，提升内部控制人员的综合素质和执行能力。同时，引入激励机制，鼓励内部控制人员积极参与内部控制工作。

优化信息沟通与协调机制：建立畅通的信息沟通渠道，确保内部控制信息在各部门和人员之间及时、准确地传递。加强部门之间的协调与配合，形成合力，共同推进内部控制工作的顺利开展。

（五）引入先进理念与技术提升内部控制质量

随着科技的进步和管理理念的创新，民办高校在提高内部控制质量与水平方面可以借鉴先进的理念和技术手段。例如，可以引入风险管理理念，对学校的运营风险进行全面评估和控制；可以利用大数据和人工智能等技术手段，对内部控制数据进行实时监测和分析，提高内部控制的效率和准确性；可以借鉴其他行业的先进经验，不断优化内部控制流程和方法。

（六）建立内部控制评价与反馈机制

为了提高内部控制的质量与水平，民办高校应建立内部控制评价与反馈机制。通过定期对内部控制制度的执行情况进行评价，及时发现内部控制中存在的问题和不足，并制定相应的改进措施。同时，建立内部控制的反馈渠道，鼓励全校师生积极提出内部控制的改进建议，促进内部控制工作的不断完善和优化。

三、促进学校的持续健康发展

（一）概述

随着教育领域的不断发展和变革，民办高校作为高等教育的重要组成部分，其持续健康发展对提升我国整体教育水平、培养高素质人才具有重要意义。然而，民办高校的持续健康发展并非易事，需要学校管理层和全体教职工共同努力，不断探索和实践。

（二）明确发展定位与目标

民办高校的持续健康发展首先需要明确自身的发展定位与目标。学校应根据自身的办学特色、优势资源和市场需求，明确人才培养方向和服务面向，制定符合实际的发展战略。同时，学校还应关注国家教育政策和社会发展趋势，及时调整和优化发展定位与目标，确保学校的发展方向与国家战略和社会需求相契合。

（三）加强内部管理与制度建设

内部管理和制度建设是民办高校持续健康发展的基础。学校应建立健全各项规章制度，规范学校管理和教育教学活动，确保学校的各项工作有序进行。同时，学校还应加强内部管理，提高管理效率，降低运营成本，为学校的持续发展提供有力保障。

（四）提升教学质量与科研水平

教学质量和科研水平是民办高校持续健康发展的核心竞争力。学校应重视师资队伍建设，引进和培养一批高素质、专业化的教师团队，提高教师的教学水平和科研能力。同时，学校还应加强课程建设和教学改革，创新教学方法和手段，提高学生的学习兴趣和实践能力。在科研方面，学校应加大科研投入力度，鼓励教师开展科学研究，提高学校的科研水平和影响力。

（五）拓展国际交流与合作

国际交流与合作是民办高校提升办学水平和国际影响力的重要途径。学校应积极与国外高校开展合作与交流，引进国外优质教育资源，学习借鉴先进的办学理念和管理经验。同时，学校还应鼓励学生参与国际交流与合作，拓宽学生的国际视野和跨文化交流能力。

（六）加强校园文化建设与品牌建设

校园文化建设是学校精神文明建设的重要组成部分，也是民办高校持续健康发展的重要保障。学校应注重培养学生的创新精神和实践能力，营造积极向上的校园文化氛围。同时，学校还应加强品牌建设，通过提高教育教学质量、优化服务水平、增强社会认可度等方式，提升学校的知名度和美誉度。

（七）完善学生服务体系与就业指导

学生服务体系与就业指导是民办高校提升学生满意度和就业竞争力的重要手段。学校应建立健全学生服务体系，为学生提供全方位的学习和生活支持。同时，学校还应加强就业指导工作，帮助学生了解就业市场、提升就业技能、拓宽就业渠道，提高学生的就业竞争力和就业质量。

（八）注重社会服务与贡献

作为社会的重要组成部分，民办高校应积极履行社会责任，为社会做出应有的贡献。学校可以通过开展社会服务活动、参与社会公益事业、提供技术支持和咨询服务等方式，为社会发展和进步贡献力量。同时，学校还应加强与社会的联系和沟通，了解社会需求和期望，不断调整和优化自身的办学方向和服务内容。

（九）加强资金筹措与财务管理

资金筹措与财务管理是民办高校持续健康发展的关键环节。学校应积极拓宽资金来源渠道，通过政府资助、社会捐赠、学费收入等多种方式筹集资金，为学校的发展提供稳定的经费保障。同时，学校还应加强财务管理，规范财务行为，提高资金使用效率，确保学校的财务状况稳健良好。

第二节　内部监督体系的构成与运作

一、内部监督体系的组织架构

（一）概述

随着民办高校的快速发展，其内部监督体系的建设与完善日益成为保障学校稳健运行和提升办学质量的重要环节。内部监督体系作为学校内部控制的重要组成部分，其组织架构的合理性和有效性直接关系到监督工作的顺利开展与效果的实现。

（二）内部监督体系的重要性

内部监督体系是民办高校管理体系中的重要组成部分，它通过对学校各项活动的监督与检查，确保学校运营的合规性、有效性和安全性。一个完善的内部监督体系不仅可以及时发现和纠正学校运营中的问题与风险，还可以提升学校的整体管理水平和办学质量，增强学校的竞争力和社会信誉。

（三）内部监督体系的组织架构

民办高校的内部监督体系组织架构应该是一个层次分明、职责明确、协调高效的体系。具体而言，其组织架构主要包括以下几个方面：

民办高校的内部监督机构通常包括纪委、监察部门、审计部门等。这些机构在学校的党委和行政领导下，独立行使监督职权，对学校各部门和人员的工作进行监督和检查。其中，纪委主要负责党的纪律检查和党风廉政建设，监察部门主要负责行政监察和执法执纪，审计部门则负责对学校财务和经济活动进行审计监督。为确保内部监督工作的有序开展，各监督机构之间应明确职责划分，避免职能重叠和交叉。纪委应重点关注党的建设和党风廉政建设方面的监督，监察部门应侧重行政管理和执法执纪方面的监督，审计部门则应对学校财务和经济活动的合规性、真实性进行审计监督。同时，各监督机构之间应建立协调机制，加强沟通与协作，形成监督合力。

内部监督工作的有效开展离不开一支高素质、专业化的监督队伍。因此，民办高校应重视监督人员的选拔与培养，确保监督人员具备较高的政治素质、业务能力和职业道德水平。同时，学校还应为监督人员提供必要的培训和学习机会，不断提升其监督能力和水平。制度建设是内部监督体系的重要保障。民办高校应建立健全各项监督制度，包括监督程序、监督标准、监督责任等，确保监督工作的规范化、制度化和科学化。同时，学校还应加强对监督制度执行情况的监督和检查，确保制度的有效落实。

随着信息技术的快速发展，信息化已成为提升内部监督工作效率和质量的重要手段。民办高校应加强监督信息化建设，利用现代信息技术手段，如大数据、云计算等，对监督数据进行收集、分析和处理，提高监督工作的精准性和时效性。

（四）优化内部监督体系组织架构的策略

强化顶层设计，明确监督体系的目标和定位。学校应根据自身的发展特点和实际需求，制订出符合实际的内部监督体系发展规划，明确监督工作的重点和方向。完善监督机构设置，优化监督职能配置。学校应根据监督工作的实际需要，调整和优化监督机构的设置与职能划分，确保监督工作的全面性和有效性。

加强监督队伍建设，提升监督人员的专业素养和业务能力。学校应加大对监督人员的培训和投入力度，提高其监督能力和水平，为监督工作的顺利开展提供有力保障。推进监督制度创新，完善监督工作的制度保障。学校应加强对监督制度的研究和探索，不断创新监督制度的内容和形式，确保监督工作的规范化和制度化。

加强信息化建设，提高监督工作的信息化水平。学校应充分利用现代信息技术手段，加强监督信息化建设，提高监督工作的效率和质量。

二、内部监督体系的运作机制

（一）概述

在民办高校的日常运营中，内部监督体系发挥着举足轻重的作用。它不仅是保障学校决策科学、执行规范、管理高效的重要手段，也是提升学校整体办学水平、维护师生权益的关键环节。因此，构建一套科学、合理、高效的内部监督体系运作机制，对民办高校的持续健康发展具有重要意义。

（二）内部监督体系的基本构成

民办高校的内部监督体系通常由多个相互关联、相互作用的部分构成，主要包括纪委监察、内部审计、教学督导、学生管理以及教职工代表大会等监督主体。这些监督主体在各自的职责范围内，通过不同的方式和手段，对学校各项工作进行监督与检查。

（三）运作机制的核心要素

内部监督体系的运作机制是一个复杂的系统工程，涉及多个核心要素。监督主体的独立性是确保监督工作公正、客观的前提。在民办高校中，监督主体应独立于被监督对象，避免出现利益冲突和权力干预。这要求学校在机构设置和人员配备上，确保监督主体具有足够的独立性和权威性。

内部监督应涵盖学校的各个方面，包括教学管理、科研活动、财务管理、招生就业等。监督主体应根据学校的实际情况，制订全面的监督计划，确保监督工作的全面性和深入性。为了提高监督工作的有效性和更具针对性，监督主体应采用多种监督手段，如定期检查、专项审计、随机抽查、举报调查等。这些手段可以相互补充，形成合力，提高监督工作的效率和效果。监督工作的最终目的是发现问题、解决问题。因此，监督主体应及时将监督结果反馈给被监督对象，并督促其进行整改。同时，学校应建立健全整改落实机制，确保监督结果得到有效落实。

（四）运作机制的具体实施

制度是保障内部监督体系有效运作的基础。民办高校应根据相关法律法规和学校实际情况，制定完善的内部监督制度，明确监督主体的职责、权限和工作程序，为监督工作的开展提供制度保障。一支高素质、专业化的监督队伍是确保内部监督体系有效运作的关键。民办高校应重视监督人员的选拔与培养，加强业务培训和职业道德教育，提高监督人员的业务能力和综合素质。

信息化建设是提高内部监督工作效率和质量的重要手段。民办高校应积极推进监督信息化建设，利用现代信息技术手段，如大数据、云计算等，提高监督工作的精准性和时效性。内部监督体系中的各个监督主体应加强沟通与协作，形成监督合力。学校应建立健全沟通协调机制，促进各监督主体之间的信息共享、资源共享和经验交流，提高监督工作的整体效能。

（五）运作机制的优化与完善

学校应定期对内部监督体系进行评估与反思，总结经验和教训，发现存在的问题和不足，及时进行解决和改进。这有助于保持监督体系的活力和适应性，确保其始终与学校的发展需求相契合。通过加强对监督工作的宣传与教育，提高全体师生对内部监督体系的认识和理解，增强他们的监督意识和参与度。这有助于形成全校共同参与监督的良好氛围，提升监督工作的效果。

随着时代的发展和技术的进步，新的监督方式与手段不断涌现。民办高校应积极探索并引入这些新的监督方式与手段，如引入第三方机构进行独立审计、开展网络舆情监测等，以丰富监督手段、提高监督效果。为了激发监督人员的积极性和责任心，民办高校应建立激励与约束机制。一方面，通过设立奖励制度、晋升渠道等方式，对表现优秀的监督人员进行表彰和激励；另一方面，对监督工作中出现的失职、渎职等行为进行严肃处理，形成有效的约束机制。

三、内部监督体系的权责分配

（一）概述

随着民办高校的快速发展，内部监督体系的重要性日益凸显。一个健全的内部监督体系不仅能够保障学校的正常运营和稳健发展，还能够提升学校的治理水平和办学质量。权责分配作为内部监督体系的核心内容，其合理与否直接关系到监督工作的效果。

（二）内部监督体系的基本构成与功能

在探讨权责分配之前，首先需要明确民办高校内部监督体系的基本构成和功能。内部监督体系通常包括纪委、监察部门、审计部门等多个监督主体，它们共同承担着对学校各项工作进行监督与检查的任务。这些监督主体通过行使监督职权，确保学校的决策科学、执行规范、管理高效，从而维护学校的整体利益和师生的合法权益。

（三）权责分配的原则与依据

权责分配应遵循一定的原则和依据，确保其合理性和有效性。首先，权责分配应遵循法治原则，即依据相关法律法规和学校规章制度进行分配，确保监督主体在行使职权时有明确的法律依据。其次，权责分配应遵循效率原则，即根据监督工作的实际需要和学校的实际情况，合理分配监督职权，避免职权交叉和重叠，提高监督工作的效率。最后，权责分配应遵循公正原则，即确保监督主体在行使职权时保持公正、客观的态度，不偏袒任何一方，维护学校的公平和正义。

（四）监督主体的权责划分

在民办高校内部监督体系中，各监督主体的权责划分是权责分配的核心内容。纪委作为党内监督机构，主要负责对学校党组织和党员领导干部进行监督，其职责包括监督党的路线、方针、政策的贯彻执行情况，检查党的组织和党员领导干部执行党的纪律的情况，查处违纪案件等。同时，纪委也承担着对学校党风廉政建设和反腐败工作的组织协调和指导任务。

监察部门负责对学校行政管理工作进行监督，其职责包括监督学校行政决策的执行情况，检查学校行政管理人员的履职情况，调查处理学校行政管理工作中的违纪违法行为等。监察部门在维护学校行政秩序、促进学校行政管理工作规范化方面发挥着重要作用。审计部门主要负责对学校财务和经济活动进行审计监督，其职责包括审查学校财务预算和决算的执行情况，监督学校财务收支的合规性和真实性，评估学校内部控制的有效性等。通过审计监督，审计部门能够帮助学校规范财务管理、防范经济风险。

（五）权责分配的优化与调整

随着民办高校的不断发展和内外部环境的变化，内部监督体系的权责分配也需要不断优化和调整。学校应建立健全内部监督制度，明确各监督主体的职责和权限，规范监督工作的程序和要求。同时，应定期对制度进行修订和完善，以适应学校发展的实际需要。

为确保监督工作的公正性和有效性，应强化监督主体的独立性和专业性。在机构设置和人员配备上，应确保监督主体具有足够的独立性和权威性；加强监督人员的业务培训和职业道德教育，提高其专业素质和监督能力。各监督主体之间应加强沟通与协作，建立有效的沟通协调机制。通过定期召开联席会议、共享监督信息等方式，促进各监督主体之间的信息共享和资源整合，形成监督合力，提高监督工作的整体效能。

监督结果的运用和反馈是权责分配的重要环节。学校应建立健全监督结果运用机制，对监督过程中发现的问题进行及时整改和处理，并将监督结果作为评价学校工作和干部履职的重要依据。同时，应加强对监督工作的宣传和教育，加深全校师生对内部监督工作的认识和支持。

第三节　内部监督的方法与手段

一、常规监督与专项监督

（一）概述

在民办高校的日常运营中，监督工作是保障学校规范运行、提升办学质量的重要手段。其中，常规监督与专项监督作为监督体系的两大组成部分，各自发挥着独特的作用。常规监督注重日常运行的规范性，而专项监督则针对特定问题或领域进行深入调查与整改。两者相辅相成，共同构成民办高校内部监督的完整体系。

（二）常规监督的内涵与特点

常规监督是指对民办高校日常运营活动进行的常规性、持续性的监督活动。它涵盖学校的各个方面，包括教学管理、科研活动、财务管理、招生就业等。常规监督的特点主要体现在以下几个方面：

全面性：常规监督涉及学校的各个领域和环节，确保学校的各项工作都在监督之下进行。

持续性：常规监督是一种持续性的活动，贯穿学校的整个运营过程中，确保监督的连续性和稳定性。

规范性：常规监督注重对学校日常运行的规范性进行监督，确保学校的各项工作符合法律法规和学校规章制度的要求。

通过常规监督，可以及时发现和纠正学校运营中的不规范行为，保障学校的正常运行和稳健发展。

（三）专项监督的内涵与特点

专项监督是指针对民办高校中特定问题或领域进行的专项性、深入性的监督活动。与常规监督相比，专项监督更加聚焦某一具体方面，旨在深入调查、分析并解决问题。专项监督的特点主要体现在以下几个方面：

针对性：专项监督针对特定问题或领域进行，目标明确，针对性强。

深入性：专项监督需要对问题进行深入调查和分析，找出问题的根源和症结所在。

整改性：专项监督不仅要发现问题，还要提出整改措施和建议，推动问题的解决。

通过专项监督，可以集中力量解决学校运营中的突出问题，提升学校的办学质量和效益。

（四）常规监督与专项监督的关系

常规监督与专项监督在民办高校的监督体系中相互补充、相互促进。常规监督为专项监督提供了基础数据和线索，有助于发现需要深入调查的问题；专项监督则是对常规监督的深化和拓展，通过深入调查和分析，推动问题的解决和整改。两者相互配合，共同推动民办高校的监督工作向纵深发展。

（五）常规监督与专项监督的实施策略

学校应制定完善的监督制度，明确常规监督与专项监督的职责、程序和要求。同时，加强监督制度的宣传和培训，提高全校师生对监督工作的认识和支持程度。

加强监督人员的选拔和培训，提高监督人员的业务素质和监督能力。同时，建立健全激励机制，激发监督人员的积极性和责任心。充分利用现代信息技术手段，建立监督信息平台，实现监督信息的共享和资源整合。通过整合监督资源，提升监督工作的效率和效果。常规监督与专项监督之间应加强沟通与协作，形成监督合力。同时，加强与学校其他部门的沟通与协作，形成全校共同参与监督的良好氛围。

（六）案例分析

以某民办高校为例，该校在常规监督方面建立了完善的教学管理制度、财务管理制度和招生就业制度等，确保学校的各项工作都在规范的轨道上运行。同时，针对近年来出现的学术不端问题，该校开展了专项监督活动，深入调查学术不端行为的产生原因和表现形式，并提出了相应的整改措施和建议。通过常规监督与专项监督的有机结合，该校成功解决了存在的一些学术不端问题，提升了学校的学术声誉和办学质量。

二、现场监督与非现场监督

（一）概述

随着民办高校的快速发展，监督工作在确保学校规范运营和提升教育质量方面发挥着越来越重要的作用。现场监督与非现场监督作为监督体系的两大核心部分，各自具有独特的特点和优势，共同构成民办高校监督工作的完整链条。

（二）现场监督的内涵与特点

现场监督是指监督人员亲自到被监督对象的现场，通过实地观察、检查、询问等方式，对被监督对象的行为、设施、管理等方面进行全面、直接的监督。现场监督的特点主要体现在以下几个方面：

直接性：现场监督能够直接观察被监督对象的实际情况，获取第一手资料，从而更准确地了解被监督对象的问题和不足。

实时性：现场监督能够及时发现和处理被监督对象存在的问题，防止问题扩大化或产生严重后果。

深入性：现场监督能够深入了解被监督对象的运作机制和管理模式，为改进工作提供有针对性的建议。

在民办高校中，现场监督主要应用于教学管理、实验室安全、学生宿舍管理等方面。例如，教学管理部门可以定期组织教学督导员到课堂进行听课，了解教师的教学水平和学生的学习情况；实验室管理部门可以定期对实验室进行安全检查，确保实验室设施的安全运行；学生工作部门可以定期到学生宿舍进行巡查，了解学生的生活状况和需求。

（三）非现场监督的内涵与特点

非现场监督是指利用信息技术手段，通过远程监控、数据分析等方式，对被监督对象进行间接、非实时的监督。非现场监督的特点主要体现在以下几个方面：

高效性：非现场监督能够利用现代信息技术手段，实现监督工作的自动化和智能化，提高监督工作的效率。

灵活性：非现场监督不受时间和空间的限制，可以随时随地进行监督，确保监督工作的连续性。

全面性：非现场监督能够通过对大量数据的分析和处理，全面、客观地评估被监督对象的整体情况。

在民办高校中，非现场监督主要应用于财务管理、招生录取、学生行为管理等方面。例如，财务部门可以利用财务管理系统对学校的财务收支进行实时监控和数据分析，确保财务数据的真实性和准确性；招生部门可以通过网络平台对招生录取过程进行远程监控，防止招生舞弊现象的发生；学生工作部门可以通过学生信息管理系统对学生的行为数据进行收集和分析，及时发现和处理学生的异常行为。

（四）现场监督与非现场监督的关系及互补性

现场监督与非现场监督在民办高校的监督工作中各有优势，相互补充。现场监督能够直接、实时地了解被监督对象的实际情况，但受到时间和空间的限制；非现场监督则能够高效、灵活地进行远程监控和数据分析，但可能无法获取到所有真实、具体的信息。因此，在实际应用中，应根据具体情况选择适合的监督方式，或者将两种方式相结合，以充分发挥各自的优势。

例如，在教学质量监控方面，可以结合现场听课和非现场的教学数据分析，既了解教师的实际授课情况，又掌握学生的学习效果和反馈；在实验室安全管理方面，可以通过现场检查和远程监控相结合的方式，确保实验室设施的安全运行和实验的规范操作。

（五）提升现场监督与非现场监督效果的策略

完善监督制度：制定明确的监督标准和程序，确保现场监督和非现场监督工作的规范化和制度化。

加强监督队伍建设：提高监督人员的业务素质和技能水平，使其能够胜任现场监督和非现场监督的工作要求。

强化信息技术应用：充分利用现代信息技术手段，提高非现场监督的效率和准确性，为现场监督提供有力支持。

建立信息共享机制：加强现场监督与非现场监督之间的信息沟通与共享，形成监督合力，提高监督工作的整体效能。

第四节　内部监督结果的反馈与应用

一、监督结果的分析与评估

（一）概述

在民办高校的运营与发展过程中，监督结果的分析与评估是一项至关重要的工作。通过对监督结果进行深入分析，可以准确了解学校各项工作的运行情况，及时发现存在的问题和不足，为改进工作提供有力依据。同时，对监督结果进行科学评估，可以客观评价学校的工作绩效，为学校的发展提供决策支持。

（二）监督结果分析的内容与方法

监督结果分析的内容主要包括对监督过程中发现的问题、取得的成效以及存在的不足进行梳理和归纳。具体而言，可以包括以下几个方面：

教学管理：分析教学质量、教学方法、教学资源等方面的问题和不足，评估教学管理的效果。

学生管理：分析学生行为、学生活动、学生服务等方面的情况，评估学生管理工作的质量。

财务管理：分析财务收支、预算执行情况、资金使用效率等方面的问题，评估财务管理的规范性。

招生就业：分析招生宣传、招生录取、就业服务等方面的情况，评估招生就业工作的效果。

在监督结果分析过程中，可以采用定性和定量相结合的方法。定性分析主要通过描述、归纳和比较等手段，对监督结果进行深入剖析；定量分析则运用数据统计和分析方法，对监督结果进行量化处理，以更直观地展示问题和成效。

（三）监督结果评估的标准与指标

监督结果评估的标准主要包括以下几个方面：

法律法规：以国家相关法律法规为依据，评估学校各项工作是否合法合规。

规章制度：以学校内部规章制度为参照，评估学校各项工作的规范性和执行情况。

教育质量：以教育质量为核心，评估学校的教学水平、学生综合素质以及社会认可度。

社会效益：以社会效益为导向，评估学校对社会的贡献和影响力。

监督结果评估的指标可以根据学校实际情况进行具体设计，一般包括以下几个方面：

教学质量指标：如教师教学满意度、学生学业成绩、课程设置合理性等。

学生管理指标：如学生违纪率、学生满意度、学生活动参与度等。

财务管理指标：如财务收支平衡度、预算执行情况、资金使用效率等。

招生就业指标：如招生录取率、毕业生就业率、用人单位满意度等。

（四）监督结果分析与评估的实践应用

通过对监督结果的分析与评估，可以发现学校工作中存在的问题和不足，进而提出有针对性的改进措施。例如，针对教学质量不高的问题，可以加强教师培训、优化课程设置、改进教学方法等；针对财务管理不规范的问题，可以完善财务制度、加强财务审计、提高资金使用效率等。同时监督结果的分析与评估还可以为学校优化资源配置提供依据。通过对各项指标的量化分析，可以明确学校在哪些方面需要加大投入力度，在哪些方面可以适度缩减开支。这有助于学校更加合理地配置资源，提高办学效益。

通过对监督结果的分析与评估，学校可以及时发现并改进自身存在的问题和不足，从而提升教育质量和社会声誉。当学校的各项工作得到社会的认可和好评时，将有利于吸引更多的优秀学生和教师加入，进一步推动学校的发展。

（五）存在的问题与挑战

尽管监督结果的分析与评估在民办高校中具有重要意义，但在实际操作过程中仍存在一些问题和挑战。例如，监督结果的收集和处理可能不够全面和准确，导致分析结果存在偏差；评估标准和指标的设计可能不够科学和合理，难以真实反映学校的实际情况；监督和评估工作的执行可能受到人为因素的影响，导致结果不够客观公正。

（六）改进措施与建议

为了解决并应对上述问题与挑战，可以从以下几个方面进行改进：

完善监督与评估机制：建立健全的监督与评估体系，确保监督结果的全面性和准确性；同时，加强监督和评估工作的独立性，减少人为因素的干扰。

优化评估标准和指标：根据学校的实际情况和发展目标，制定科学合理的评估标准和指标；定期对评估标准和指标进行修订和完善，以适应学校发展的需要。

加强监督与评估人员的培训：提高监督与评估人员的业务素质和技能水平，使其能够更好地完成监督和评估工作；加强监督与评估人员之间的交流与合作，共同推动学校的发展。

强化结果应用与反馈：将监督与评估结果及时反馈给相关部门和人员，

指导其改进工作；将结果作为学校决策的重要依据，推动学校的持续改进和发展。

二、监督结果的反馈与沟通

（一）概述

在民办高校的运营与管理中，监督结果的反馈与沟通是不可或缺的重要环节。它不仅是提升学校整体运行效率和质量的关键，也是确保学校各项工作透明化、规范化的必要手段。通过有效的反馈与沟通，可以使学校各部门、教职员工以及利益相关者更加清晰地了解学校的运营状况，进而形成合力，共同推动学校的持续健康发展。

（二）监督结果反馈与沟通的重要性

监督结果的反馈与沟通有助于将学校的运营状况、存在的问题以及改进措施等信息公开透明地展现给所有利益相关者，包括教职员工、学生、家长以及社会各界人士。这种透明度不仅有助于增强学校的公信力，还能激发各方参与学校管理与监督的积极性。通过反馈与沟通，学校可以及时发现并改进存在的问题和不足。教职员工和学生可以根据反馈结果调整自己的工作和学习方式，提高工作和学习效率；管理部门可以根据反馈结果优化管理流程和制度，提升管理水平；学校可以根据反馈结果调整发展战略和规划，推动学校的持续改进和发展。

监督结果的反馈与沟通有助于加强学校内部各部门之间的协作及配合。通过共享监督结果和信息，各部门可以更加明确自己的职责和任务，形成工作合力；可以增进各部门之间的理解和信任，减少工作中的摩擦和冲突。

（三）监督结果反馈与沟通的方式与途径

1.方式

书面反馈：通过报告、通知等书面形式将监督结果反馈给相关部门和人员。这种方式具有正式、规范的特点，能够确保信息的准确性和权威性。

会议沟通：组织召开专题会议或座谈会，邀请相关部门和人员参加，就监督结果进行面对面交流和讨论。这种方式能够直接、高效地传递信息，并促进各方之间的深入交流和合作。

网络平台反馈：利用学校官方网站、内部办公系统等网络平台，将监督结果实时发布并接受在线反馈。这种方式具有便捷、高效的特点，能够扩大信息的传播范围并提升反馈的及时性。

2.途径

设立专门机构：学校可以设立专门的监督与反馈机构，负责收集、整理和分析监督结果，并向相关部门和人员提供反馈和建议。

建立反馈机制：学校应建立完善的反馈机制，包括明确的反馈流程、责任分工和时限要求等，确保反馈工作的规范化和有效性。

鼓励多方参与：学校应积极鼓励教职员工、学生以及社会各界人士参与监督与反馈工作，通过设立意见箱、开展问卷调查等方式收集各方意见和建议。

（四）监督结果反馈与沟通的实践应用

在教学管理方面，监督结果的反馈与沟通可以帮助教师了解自身的教学水平和存在的问题，进而调整教学策略和方法，提升教学质量；可以帮助学生了解自己的学习状况和需求，制订更加合理的学习计划。在学生管理方面，监督结果的反馈与沟通可以帮助学生工作部门及时了解学生的生活状况和需求，提供更加有针对性的服务；可以帮助学生了解学校的规章制度和管理要求，自觉遵守校纪校规。

在财务管理方面，监督结果的反馈与沟通可以帮助财务部门了解学校的财务状况和存在的问题，制订更加合理的预算和资金使用计划；可以帮助相关部门了解学校的经费来源和使用情况，提高资金使用效率。

（五）存在的问题与改进措施

在监督结果的反馈与沟通中，可能存在以下问题：一是反馈不及时，导致问题无法得到及时解决；二是沟通不畅，导致信息无法有效传递；三是反馈结果处理不当，导致问题反复出现。针对上述问题，可以采取以下改进措施：一是加强监督与反馈机构的建设，提高其工作效率和质量；二是优化沟通机制，确保信息的及时传递和有效沟通；三是加强对反馈结果的处理和跟踪，确保问题得到彻底解决。

三、监督结果的应用与改进

（一）概述

随着教育改革的深入和民办高校的快速发展，监督结果在民办高校管理中的作用日益凸显。通过对监督结果的应用与改进，不仅可以帮助学校发现问题、改进工作，还能促进学校整体办学质量的提升。

（二）监督结果的应用

监督结果作为对学校各项工作的全面反映，可以为学校决策提供重要依据。学校管理层可以根据监督结果中反映的问题和不足，调整发展战略，优化资源配置，确保学校发展方向的正确性和科学性。同时，监督结果还可以为学校制订年度工作计划、教学改革方案等提供具体指导。在教学管理方面，监督结果的应用主要体现在以下几个方面：一是通过对教学质量的监督，发现教学中的问题，推动教师改进教学方法和手段；二是通过对课程设置的监督，优化课程体系，提高课程的实用性和更具针对性；三是通过对学生学习情况的监督，帮助学生制订个性化的学习计划，提高学习效果。

监督结果在学生管理方面的应用主要体现在对学生行为、活动以及服务等方面的监督。通过对学生的日常行为进行规范，可以有效减少违纪现象的发生；通过对学生活动的监督，可以确保活动的安全、有序进行；通过对学生服务的监督，可以提高学生的满意度和归属感。财务管理是民办高校运营中的重要环节。通过对财务工作的监督，可以确保财务收支的合法合规，防范财务风险。同时，监督结果还可以为预算编制、资金使用等提供数据支持，帮助学校提高财务管理水平，实现资源的优化配置。

（三）监督结果的改进策略

要提升监督结果的应用效果，首先需要完善监督体系。学校应建立健全内部监督机制，明确各部门的监督职责和权力，确保监督工作的全面性和有效性。同时，还应加强与外部监督机构的合作，接受社会监督，提高学校的透明度和社会认可度。监督质量直接关系到监督结果的应用价值。因此，学校应加强对监督人员的培训和管理，提高其业务素质和职业道德水平。同时，学校还应完善监督程序和方法，确保监督工作的规范性和科学性。此外，学校还应建立监督结果反馈机制，及时将监督结果反馈给相关部门和人员，促进其整改和提高。

对监督结果进行深入分析和运用是改进学校工作的关键。学校应建立专门的分析团队，对监督结果进行定性和定量分析，找出问题的根源和改进的方向。同时，学校还应将监督结果与学校的发展战略、工作计划等相结合，制订具体的改进措施和实施方案。此外，学校还应加强对改进措施执行情况的跟踪和评估，确保改进工作的落地生效。为了确保监督结果的有效应用和改进工作的顺利进行，学校应建立健全责任追究与激励机制。对于在监督中发现的问题和不足，应明确责任部门和人员，并进行相应的处理。同时，对在改进工作中表现突出的部门和个人，学校应给予表彰和奖励，激发其积极性和创造力。

（四）监督结果应用与改进的实践意义

通过对监督结果的应用与改进，学校可以及时发现并解决存在的问题和不足，提升办学质量。这不仅有助于提高学校的声誉和竞争力，还能为学生提供更好的学习环境和资源。通过对监督结果的持续关注和改进，学校可以不断完善内部管理机制，优化资源配置，实现可持续发展。这有助于学校在激烈的市场竞争中保持领先地位，为社会的教育事业做出更大的贡献。

第七章　民办高校财务风险防范

第一节　财务风险的特点与成因

一、民办高校财务风险的主要特点

（一）概述

随着我国高等教育改革的不断深化和民办教育的蓬勃发展，民办高校已经成为我国高等教育体系中的重要组成部分。然而，由于民办高校在资金来源、管理体制等方面与公办高校存在显著差异，其面临的财务风险也呈现出独特的特点。

（二）民办高校财务风险概述

民办高校财务风险是指学校在运营过程中，由于各种不确定性因素的存在，导致学校财务状况出现不利变化的可能性。这些不确定性因素可能来自于内部管理、外部环境、政策变化等多个方面，可能会对学校的资金安全、运营稳定以及持续发展产生潜在威胁。

（三）民办高校财务风险的主要特点

与公办高校相比，民办高校的资金来源相对单一，主要依赖学费收入、社会捐赠以及少量的政府资助。这种资金来源结构使得民办高校在面临外部经济波动或政策调整时，容易出现资金短缺的情况。此外，由于民办高校的学费收入受到招生规模、学生支付能力等多种因素的影响，其稳定性也相对较差，进一步增加了学校的财务风险。为了扩大办学规模、提升教学质量，许多民办高校选择通过举债的方式进行基础设施建设。然而，由于民办高校在举债过程中往往缺乏有效的风险评估和债务管理，导致负债规模过大，债务结构不合理。一旦学校面临资金短缺或偿债能力不足的情况，就可能引发严重的财务风险。

民办高校在内部控制体系的建设方面普遍存在不足。一方面，由于民办高校的管理体制相对灵活，容易出现权力过于集中、决策过程不够透明等问题；另一方面，部分民办高校对内部控制的重视程度不够，缺乏有效的内部监督和约束机制。这些问题都可能导致学校内部出现财务违规、腐败等行为，进而增加财务风险。民办高校所面临的外部环境复杂多变，包括政策法规、市场需求、行业竞争等多个方面。政策法规的变化，可能直接影响到学校的资金来源和使用方式；市场需求的变化，可能影响到学校的招生规模和学费收入；行业竞争的加剧，可能使得学校在资源获取和市场份额方面面临更大的挑战。这些外部因素的变化都可能对民办高校的财务状况产生不利影响。

由于历史原因和体制机制的差异，部分民办高校对财务风险的认识不足，风险意识相对薄弱。这使得学校在面对财务风险时，往往缺乏有效的应对措施和预案。此外，由于民办高校的财务管理水平和人才储备相对有限，其应对财务风险的能力也相对较弱。这可能导致学校在面临财务风险时，无法及时采取有效措施进行防范和化解。

（四）民办高校财务风险防范与应对措施

民办高校应积极拓宽资金来源渠道，通过多元化筹资方式降低对学费收入的依赖。例如，可以加强与企业的合作，开展产学研一体化项目；积极争取政府和社会各界的支持，争取更多的捐赠和资助；可以通过发行债券、开展校企合作等方式筹集资金。民办高校应建立科学的债务管理机制，合理控制举债规模，优化债务结构。在举债过程中，应充分考虑学校的偿债能力和风险承受能力，避免过度举债。同时，还应加强债务使用的监管和评估，确保债务资金的有效利用。

民办高校应建立完善的内部控制体系，加强内部监督和约束机制。通过明确各部门的职责和权限，规范决策程序和执行流程，确保学校内部管理的规范化和透明化。同时，还应加强财务人员的培训和管理，提升其专业素养和风险管理能力。民办高校应密切关注外部环境的变化，及时调整发展战略和应对措施。对政策法规的变化，学校应积极研究并适应新的政策要求；对市场需求的变化，学校应灵活调整专业设置和招生策略；对行业竞争的加剧，学校应不断提升教学质量和服务水平，增强自身的竞争力。

民办高校应加强对财务风险的认识和重视，提高全体师生的风险意识。通过定期开展财务风险培训和演练活动，提升学校应对财务风险的能力和水平。同时，还应建立健全风险预警机制，及时发现并应对潜在的财务风险。

二、民办高校财务风险的成因分析

（一）概述

随着我国教育事业的蓬勃发展，民办高校作为高等教育体系的重要组成部分，其规模与影响力日益增强。然而，在快速发展的同时，民办高校也面临着诸多财务风险。这些风险的产生不仅影响学校的正常运营，还可能威胁到学校的生存与发展。因此，深入分析民办高校财务风险的成因，对有效防范和化解风险，促进民办高校的健康发展具有重要意义。

（二）民办高校财务风险概述

民办高校财务风险是指在办学过程中，由于各种内外部因素的作用，导致学校财务状况出现不稳定或恶化的可能性。这些风险可能来自资金筹集、使用、管理等多个环节，对学校的长期发展产生不利影响。

（三）民办高校财务风险的成因分析

1.外部环境因素

政策环境的变化对民办高校财务状况具有重要影响。政府对民办高校的资助政策、税收政策、招生政策等的变化都可能直接影响到学校的资金来源和使用。例如，政府对民办高校的财政补贴减少或取消，可能导致学校资金短缺；招生政策的调整可能影响学校的招生规模和学费收入。随着高等教育市场的竞争加剧，民办高校面临着来自公办高校和其他民办高校的双重竞争压力。为了在竞争中占据优势地位，民办高校需要不断加大投入力度，改善办学条件，提高教学质量。然而，过度的投入可能导致学校负债规模扩大，增加财务风险。

经济环境的变化将对民办高校财务状况产生影响。经济周期的波动、通货膨胀的变化等都可能导致学校资金成本的增加或资金回报率的下降。此外，金融市场的不稳定也可能影响学校的融资能力和资金安全。

2.内部管理因素

部分民办高校在财务管理方面存在制度不健全、执行不到位等问题。这可能导致学校财务信息的失真、资金使用的随意性以及内部控制的失效。缺乏科学有效的财务管理制度，使得学校在面临财务风险时难以采取有效的应对措施。一些民办高校在筹集资金时过于依赖银行贷款等债务融资方式，导致负债规模过大、负债结构不合理。高额的债务负担使得学校在偿债方面面临巨大压力，一旦资金链断裂，就可能引发严重的财务风险。

民办高校在进行投资决策时，由于缺乏科学的市场分析和风险评估，可能导致投资项目的失败或亏损。这不仅会造成学校资金的损失，还可能影响学校的声誉和形象。部分民办高校对财务风险的认识不足，风险意识淡薄。这使得学校在财务管理和决策过程中缺乏必要的风险防范措施，一旦遇到风险事件，往往就会难以应对。

（四）民办高校财务风险防范与应对措施

民办高校应密切关注政策动态，加强政策研究，及时了解和掌握政策变化对学校财务状况的影响，应积极调整办学策略，适应政策变化，降低政策风险对学校的影响。民办高校应不断提升自身的办学水平和教学质量，增强市场竞争力。通过优化专业设置、加强师资队伍建设、提高教学质量等方式，吸引更多的优质生源，稳定学费收入。同时，学校还应积极开展产学研合作，拓宽资金来源渠道，降低财务风险。

民办高校应建立健全财务管理制度，规范财务管理流程，确保财务信息的真实性和完整性；还应加强内部控制，建立有效的风险防范机制，确保资金使用的合规性和安全性。民办高校应合理控制负债规模，优化负债结构，降低债务风险。通过拓展多元化的融资渠道，减少对银行贷款的依赖，降低资金成本。同时，学校还应加强债务管理，确保按时偿债，维护良好的信用记录。

民办高校应加强对财务风险的认识和重视，提高全体师生的风险意识。通过定期开展财务风险教育和培训活动，提升学校应对财务风险的能力和水平。同时，学校还应建立健全风险预警机制，及时发现并应对潜在的财务风险。

第二节　财务风险防范的策略与措施

一、民办高校建立健全财务风险管理制度

（一）概述

随着我国教育事业的蓬勃发展，民办高校作为高等教育体系的重要组成部分，其规模和影响力日益扩大。然而，随着民办高校的快速发展，其面临的财务风险也日益凸显。为了有效防范和应对这些风险，建立健全财务风险管理制度显得尤为重要。

（二）民办高校财务风险管理制度的重要性

财务风险管理制度是民办高校内部管理体系的重要组成部分，其重要性主要体现在以下几个方面：

首先，建立健全财务风险管理制度有助于规范学校的财务管理行为，确保财务活动的合规性和合法性。通过制定明确的财务管理规定和操作流程，可以有效防止财务违规和腐败行为的发生，维护学校的财务秩序。

其次，财务风险管理制度能够帮助学校及时发现和应对潜在的财务风险。通过建立健全的风险识别、评估、预警和应对机制，学校可以在风险事件发生时迅速采取措施，减少损失，保障学校的财务安全。

最后，建立健全财务风险管理制度有助于提升学校的财务管理水平，增强学校的竞争力。通过优化财务管理流程、提高资金使用效率、降低财

务成本等方式，学校可以不断提升自身的财务管理水平，为学校的长期发展奠定坚实的基础。

（三）民办高校财务风险管理制度的建立健全

民办高校应建立健全财务管理组织架构，明确各部门的职责和权限，确保财务管理工作的顺利开展。学校应设立专门的财务部门，负责学校的日常财务管理工作，包括预算编制、资金筹集、使用和管理等。同时，学校还应建立财务决策机构，如财务委员会或董事会财务专门委员会，负责审议重大财务事项，确保财务决策的科学性和合理性。

民办高校应制定全面、细致的财务管理制度，涵盖预算管理、收入管理、支出管理、资产管理、负债管理等方面。制度应明确各项财务活动的具体操作流程、审批程序和责任追究机制，确保财务活动的规范性和透明性。同时，学校还应根据实际情况对制度进行定期修订和完善，以适应外部环境的变化和学校发展的需要。

为了及时发现和应对潜在的财务风险，民办高校应建立财务风险预警机制。学校应通过对财务数据进行定期分析、比较和预测，及时发现异常情况并采取相应的应对措施。同时，学校还应建立风险报告制度，定期向上级主管部门和利益相关者报告学校的财务状况和风险情况，以便及时获取支持和帮助。

内部控制和审计监督是保障财务风险管理制度有效执行的重要手段。民办高校应建立完善的内部控制体系，包括财务审批、会计核算、内部审计等方面。通过明确各岗位的职责和权限，加强内部监督和制约，防止财务违规和腐败行为的发生。同时，学校还应加强审计监督，定期对学校的财务状况进行审计和评估，确保财务信息的真实性和完整性。

财务管理人员的素质和能力对财务风险管理制度的执行效果具有重要影响。民办高校应加强对财务管理人员的培训和教育，提高其专业素养和职业道德水平。通过定期举办培训班、交流研讨会等活动，使财务管理人员不断更新知识、掌握新技能，更好地服务于学校的财务管理工作。

（四）实施保障与持续改进

学校领导应高度重视财务风险管理制度的建设和实施工作，将其纳入学校整体发展规划和年度工作计划中；应明确各部门在财务风险管理制度实施中的职责和任务，确保各项措施得到有效落实。对在财务风险管理制度实施过程中出现的问题和困难，学校领导应及时给予指导和支持，推动问题的解决和工作的顺利开展。民办高校应加强财务风险管理制度的宣传教育工作，使全体师生员工充分认识到财务风险管理制度的重要性和必要性。通过举办讲座、制作宣传栏、发布通知等方式，普及财务风险知识，提高师生的风险意识和防范能力。同时，学校还应积极营造诚信、合规的财务文化氛围，为财务风险管理制度的实施创造良好的环境。

为了评估财务风险管理制度的实施效果并及时发现问题和不足，民办高校应建立评价与反馈机制。学校可以设立专门的评价小组或委托第三方机构对财务风险管理制度的执行情况进行定期评价和反馈。通过收集和分析相关数据和信息，评价小组可以及时发现制度执行中的问题和不足，并提出改进意见和建议。同时，学校还应鼓励师生员工积极参与评价和反馈工作，为制度的持续改进提供有力支持。

二、民办高校加强财务风险的预警与监控

（一）概述

随着教育改革的不断深入和市场竞争的加剧，民办高校面临着日益复杂的财务风险。为了保障学校的财务安全和稳健发展，加强财务风险的预警与监控显得尤为重要。

（二）财务风险预警与监控的重要性

财务风险预警与监控是民办高校财务管理的重要环节，其重要性主要体现在以下几个方面：

首先，预警与监控有助于及时发现潜在风险。通过建立科学的预警指标体系，学校可以实时监测财务状况，一旦发现异常指标，便可迅速采取

措施，防止风险扩大。

其次，预警与监控有助于评估风险程度。通过对财务数据进行深入分析，学校可以准确判断风险的性质、范围和严重程度，为制定应对措施提供有力依据。

最后，预警与监控有助于提升学校的风险管理水平。通过不断完善预警与监控机制，学校可以积累丰富的风险管理经验，提升财务管理人员的专业素养，为学校的长期发展奠定坚实基础。

（三）加强财务风险预警与监控的措施

民办高校应根据自身特点和实际情况，构建科学、合理的财务风险预警指标体系。预警指标应涵盖收入、支出、资产、负债等方面，全面反映学校的财务状况。应根据市场环境、政策变化等因素，不断调整和优化预警指标，确保其时效性和准确性。为了实现对财务风险的实时监控，民办高校应建立财务风险监控机制。学校应设立专门的监控部门或指定专人负责监控工作，定期对财务状况进行检查和评估。同时，学校还应加强与外部审计机构的合作，借助其专业力量提升监控效果。

财务信息化建设是提高财务风险预警与监控效率的重要手段。民办高校应加大投入力度，完善财务信息系统，实现财务数据的实时采集、处理和分析。通过信息化手段，学校可以更加便捷地获取财务数据，提高预警与监控的准确性和时效性。提高财务管理人员和全体师生的风险意识是加强财务风险预警与监控的关键。学校应定期开展财务风险教育和培训活动，普及风险知识，提高风险识别和应对能力。同时，学校还应建立健全激励机制，鼓励师生员工积极参与财务风险预警与监控工作。

针对可能出现的财务风险，民办高校应提前制定应对措施。学校应根据风险的性质和程度，制定相应的应对策略和预案。同时，学校还应加强与政府、金融机构等外部机构的沟通与合作，争取支持和帮助，共同应对财务风险。

（四）实施保障与持续改进

学校领导应高度重视财务风险预警与监控工作，将其纳入学校整体发展规划和年度工作计划中。学校应明确各部门在财务风险预警与监控中的职责和任务，确保各项措施得到有效落实。同时，学校还应建立健全责任追究机制，对在财务风险预警与监控工作中失职、渎职的人员进行严肃处理。

财务风险预警与监控工作涉及多个部门和人员，需要加强沟通与协作。学校应建立健全跨部门、跨层级的沟通机制，确保信息的畅通和共享；应加强与外部审计机构、金融机构等单位的合作与交流，共同推进财务风险预警与监控工作。为了评估财务风险预警与监控工作的效果并及时发现问题和不足，民办高校应建立评价与反馈机制。学校可以设立专门的评价小组或委托第三方机构对预警与监控工作进行定期评价和反馈。通过收集和分析相关数据和信息，评价小组可以及时发现工作中的问题和不足，并提出改进意见和建议。同时，学校还应鼓励师生员工积极参与评价和反馈工作，为持续改进提供有力支持。

财务风险预警与监控工作是一个持续不断的过程，需要不断改进和优化。学校应根据评价结果和反馈意见，及时调整和完善预警指标体系、监控机制等，确保其适应性和有效性。同时，学校还应关注外部环境的变化和新的风险点，不断研究新的预警与监控方法和技术，提高预警与监控的准确性和效率。

第三节 财务风险预警机制的构建

一、民办高校预警机制的构建原则与目标

（一）概述

随着教育市场的不断开放和民办高校的快速发展，其面临的财务风险和运营挑战也日益凸显。为了有效应对这些风险和挑战，确保学校的稳定发展和持续运营，构建一套科学、合理的预警机制显得尤为重要。预警机制作为民办高校风险管理的重要组成部分，其构建原则与目标对确保预警机制的有效性和实用性至关重要。

（二）预警机制的构建原则

预警机制的构建应遵循系统性原则，要从整体和全局的角度出发，将预警机制纳入学校的整体管理体系中。预警机制应涵盖学校的各个方面，包括教学、科研、管理、财务等，形成一个相互关联、相互作用的有机整体。同时，预警机制还应与学校的发展战略和目标相一致，确保学校的各项工作在预警机制的指导下有序进行。

预警机制的构建应以科学为依据，采用科学的方法和手段进行预警分析。预警指标的选择应基于科学理论和实证研究，确保指标的有效性和可靠性。同时，构建预警机制还应运用现代信息技术和数据分析方法，提高预警的准确性和时效性。预警机制的构建应具有前瞻性，能够提前预测和发现潜在的风险和问题。构建预警机制应关注外部环境的变化和内部运营的动态，及时捕捉风险信号，为学校的决策提供有力支持。同时，构建预警机制还应根据学校的实际情况和发展趋势，不断调整和优化预警指标和预警模型，确保其适应性和前瞻性。

预警机制的构建应具有可操作性，即预警机制应易于理解和操作，能够被广大师生员工所接受和使用。预警指标的设置应简单明了，预警流程应清晰易懂，方便用户进行预警分析和应对。同时，预警机制还应提供有效的预警信息和建议，帮助用户及时采取措施应对风险。预警机制的构建应具有动态性，即预警机制应能够随着学校的发展和环境的变化而不断调整与完善。预警机制应定期进行评估和改进，根据新的风险和问题更新预警指标与预警模型。同时，构建预警机制还应保持灵活性，能够适应不同情况下的风险预警需求。

（三）预警机制的目标

预警机制的首要目标是及时识别并预警学校运营过程中可能出现的各类风险。通过对财务数据、运营指标、市场环境等多方面的监测和分析，预警机制能够发现潜在的风险因素，及时发出预警信号，为学校的决策提供有力支持。构建预警机制不仅要识别风险，还要对风险进行准确的评估和量化。通过对风险发生的可能性、影响程度等因素的综合分析，预警机制能够为学校提供风险等级划分和优先级排序，帮助学校更好地了解风险状况，制定有针对性的应对措施。

预警机制的目标之一是提供风险应对方案和决策支持。在识别并评估风险后，预警机制应提供相应的风险应对措施和建议，帮助学校制定风险应对策略和计划。同时，预警机制还应为学校提供决策支持，为学校的战略规划和运营管理提供科学依据。预警机制的目标还包括推动学校风险管理的持续改进和优化。通过对预警机制的运行效果进行定期评估和总结，学校可以发现预警机制存在的问题和不足，及时进行改进和优化。另外，构建预警机制还应与学校的发展战略和目标相结合，推动学校风险管理体系的不断完善和提升。

（四）实施保障与推进策略

为确保预警机制的有效实施，学校应成立专门的预警机制建设领导小组，负责统筹协调预警机制的构建工作。领导小组应明确各部门的职责和任务，加强部门间的沟通与协作，确保预警机制的顺利推进。学校应制定完善的预警机制相关制度和规范，明确预警机制的运行流程、职责分工、信息报告等要求。同时，学校还应建立相应的考核机制和奖惩制度，激励师生员工积极参与预警机制的建设和运行工作。

预警机制的建设和运行需要一支具备专业知识与技能的团队。学校应加强相关人才的培养和引进工作，定期开展预警机制相关的培训和教育活动，提高师生员工的风险意识和预警能力。预警机制的构建应充分利用现代信息技术手段，加强信息化建设与支撑。学校应建立完善的信息管理系统和数据库，实现数据的实时采集、处理和分析。同时，学校还应加强与外部机构的交流与合作，共享风险预警信息和资源。

二、民办高校预警指标的选择与设定

（一）概述

随着教育市场的竞争日益激烈，民办高校面临着诸多风险和挑战。为了有效应对这些风险，确保学校的稳定发展和持续运营，构建一套科学、合理的预警机制显得尤为重要。预警指标作为预警机制的核心组成部分，其选择和设定对预警机制的准确性与有效性具有决定性的影响。

（二）预警指标的选择原则

预警指标应具有敏感性，能够迅速反映学校运营过程中可能出现的风险和问题。敏感性强的指标能够在风险刚刚露头时就能发出预警信号，为学校的决策提供及时的信息支持。预警指标应具有代表性，能够全面反映学校的运营状况和风险水平。代表性强的指标能够涵盖学校的各个方面，确保预警机制能够全面监测学校的风险状况。

预警指标应具有可操作性，即指标的数据来源应易于获取，计算方法应简单明了。可操作性强的指标能够方便用户进行预警分析和应对，提高预警机制的实用性。预警指标应具有动态性，能够根据学校的发展和环境的变化进行调整与优化。动态性强的指标要能够适应不同情况下的风险预警需求，确保预警机制的时效性和准确性。

（三）预警指标的设定方法

通过对相关文献的综述，了解国内外关于民办高校预警指标的研究现状和成果，借鉴已有的研究成果，结合学校的实际情况，初步确定预警指标的范围和框架。邀请具有丰富经验和专业知识的专家进行咨询与讨论，听取他们的意见和建议，对初步确定的预警指标进行筛选和优化，确保指标的科学性和实用性。

通过对民办高校实际运营中出现的风险案例进行分析，总结风险发生的规律和特点，提取与风险相关的关键指标，为预警指标的设定提供实证支持。运用统计学和数据分析方法对学校的运营数据进行处理与分析，提取与风险相关的数据特征，构建数学模型和预警算法，为预警指标的设定提供科学依据。

（四）预警指标的具体内容

财务状况是民办高校运营状况的重要体现，因此应设定一系列与财务状况相关的预警指标。例如，资产负债率、流动比率、速动比率等指标，可以反映学校的偿债能力；应收账款周转率、存货周转率等指标，可以反映学校的运营效率；营业收入增长率、净利润增长率等指标，可以反映学校的盈利能力。教学质量是民办高校的核心竞争力，因此应设定一系列与教学质量相关的预警指标。例如，师生比、生均教学经费、毕业生就业率等指标，可以反映学校的教学投入和效果；学生满意度、教师满意度等指标，可以反映学校的教学质量和声誉。

招生与就业是民办高校运营的重要环节，因此应设定一系列与招生与就业相关的预警指标。例如，新生报到率、新生留存率等指标，可以反映学校的招生质量和吸引力；毕业生就业率、毕业生起薪等指标，可以反映学校的就业竞争力和社会认可度。内部管理是民办高校稳定运营的重要保障，因此应设定一系列与内部管理相关的预警指标。例如，内部控制制度的完善程度、管理流程的优化程度等指标，可以反映学校的内部管理水平；员工满意度、员工离职率等指标，可以反映学校的员工稳定性和凝聚力。

（五）预警指标的调整与优化

预警指标的设定并非一蹴而就，需要随着学校的发展和环境的变化进行不断调整和优化。学校应定期对预警指标进行评估和审查，根据实际情况和需求进行调整与优化。同时，学校还应加强与其他高校的交流与合作，借鉴他们的经验和做法，不断完善和优化预警指标体系。

三、民办高校预警机制的运作流程

（一）概述

随着民办高校的不断发展，其运营风险日益凸显，为了有效应对这些风险，确保学校的稳定与可持续发展，构建一套科学、合理的预警机制显得尤为重要。预警机制的运作流程作为其实施过程中的关键环节，其规范性和有效性直接关系到预警机制的整体效能。

（二）预警机制的启动与准备

在预警机制启动之初，需要明确预警的具体目标，包括识别潜在风险、评估风险等级、提出预警建议等。这些目标应紧密结合学校的实际情况和发展需求，确保预警机制的针对性和实用性。为确保预警机制的高效运作，需要组建一支具备专业知识和技能的预警团队。团队成员应包括学校管理者、教师、财务人员、法律顾问等，他们应具备丰富的经验和敏锐的洞察力，能够及时发现并应对风险。

预警团队应根据学校的实际情况和预警目标，制订详细的预警方案。方案应包括预警指标的选择、数据的收集与处理、预警模型的构建、预警信号的发布与响应等内容。同时，方案还应明确各部门的职责和任务，确保预警工作的顺利进行。

（三）数据收集与处理

预警机制的数据来源应多样化，包括学校的财务报表、教学管理数据、招生就业数据等。此外，还应关注外部环境的变化，如政策调整、市场需求变化等。通过多渠道收集数据，可以确保预警信息的全面性和准确性。

收集到的原始数据需要进行清洗和整合，以消除数据中的异常值和噪声，提高数据质量。同时，还需要对数据进行标准化处理，以便于后续的分析和比较。

利用统计学、数据挖掘等方法对处理后的数据进行深入分析，提取与风险相关的关键信息。通过对数据的趋势分析、关联分析等方式，发现潜在的风险因素和风险点。

（四）风险识别与评估

基于数据分析的结果，结合学校的实际情况，识别出可能存在的风险点。这些风险点可能包括财务风险、教学质量风险、招生就业风险等。对识别出的风险点进行进一步评估，确定其发生的可能性和影响程度。通过构建风险评估模型，对风险进行量化分析，为后续的预警决策提供依据。

（五）预警信号的发布与响应

根据风险评估的结果，当风险达到预设的阈值时，预警系统应自动发布预警信号。预警信号应包含风险类型、风险等级、影响范围等信息，以便于相关部门和人员及时了解风险状况。

接收到预警信号后，相关部门和人员应立即启动预警响应措施。这包括组织召开紧急会议，讨论制订风险应对方案；加强风险点的监测和管控，防止风险进一步扩散；及时向上级主管部门报告风险情况，争取支持和帮助等。

（六）风险应对与后续跟进

根据预警响应措施的要求，相关部门和人员应迅速落实风险应对方案。这包括调整财务管理策略、优化教学资源配置、加强招生宣传等具体措施，以减轻风险对学校运营的影响。在风险应对方案实施后，应对其效果进行评估。通过对比实施前后的数据变化，分析风险应对措施的有效性。同时，还应总结经验教训，为今后的风险管理工作提供参考。

预警机制的运作是一个持续优化的过程。在每次风险应对结束后，应对预警机制的运行情况进行总结和分析，发现存在的问题和不足，提出改进意见和建议。通过不断优化预警机制，提高其预警准确性和响应速度，为学校的稳定运营提供有力保障。

第四节　财务风险应对方案的制订

一、风险应对方案的制订原则

（一）概述

随着教育市场的竞争加剧和外部环境的不断变化，民办高校面临着诸多风险和挑战。为了有效应对这些风险，确保学校的稳定运营和持续发展，制订一套科学、合理的风险应对方案显得尤为重要。风险应对方案的制订原则作为指导方案制定的基本准则，对确保方案的有效性和实用性具有至关重要的意义。

（二）全面性原则

风险应对方案的制订应遵循全面性原则，即要全面考虑学校运营过程中可能面临的各种风险。这包括财务风险、教学质量风险、招生就业风险、内部管理风险等多个方面。在制定方案时，要对这些风险进行深入分析，确保方案能够覆盖所有可能的风险点，不留死角。同时，还要关注风险的关联性和传递性，避免因忽视某一环节的风险而引发连锁反应。

（三）针对性原则

风险应对方案的制订应具有针对性，即要针对不同类型的风险采取不同的应对措施。不同类型的风险具有不同的特点和影响，因此需要制订具有针对性的方案。例如，对财务风险，可以通过优化财务管理流程、加强财务监管等方式进行应对；对教学质量风险，可以通过加强师资队伍建设、改进教学方法等手段进行防范。通过针对性的措施，可以更有效地应对风险，降低风险对学校运营的影响。

（四）可操作性原则

风险应对方案的制订应遵循可操作性原则，即要确保方案中的措施具有可行性和可操作性。在制订方案时，要充分考虑学校的实际情况和资源条件，确保措施能够在现有条件下得到有效实施。同时，还要注重措施的具体性和明确性，避免过于笼统和模糊的描述。通过制订具有可操作性的方案，可以确保风险应对措施能够得到有效执行，达到预期的效果。

（五）预防与应对相结合原则

风险应对方案的制订应坚持预防与应对相结合的原则。预防是降低风险发生概率的重要手段，通过加强风险管理和内部控制，可以有效减少风险的发生。然而，即使预防措施再完善，也无法完全消除风险。因此，在制订方案时，既要注重预防措施的制定和实施，又要充分考虑风险发生后的应对措施。这包括建立风险预警机制、制订应急预案、储备必要的应急资源等。通过预防与应对相结合，可以在风险发生时迅速作出反应，减轻风险对学校运营的影响。

（六）动态调整原则

风险应对方案的制订应遵循动态调整原则。随着外部环境的变化和学校的发展，风险也会发生相应的变化。因此，风险应对方案不能一成不变，而应根据实际情况进行动态调整。在制订方案时，要充分考虑未来可能出现的风险变化，预留一定的调整空间。同时，还要建立定期评估和调整机制，对方案进行定期检查和修订，确保其始终与学校的实际情况和风险状况相适应。

（七）协同合作原则

风险应对方案的制订和实施需要各部门和人员的协同合作。因此，在制订方案时，要注重加强部门间的沟通与协作，形成合力应对风险的良好氛围。同时，还要明确各部门的职责和任务，确保各部门能够按照方案要求履行自己的职责。通过协同合作，可以形成强大的风险应对力量，提高风险应对的效率和效果。

（八）透明公开原则

风险应对方案的制订和执行过程应保持透明公开。透明公开有助于增强学校内部的信任和理解，减少因信息不对称而引发的误解和冲突。在制订方案时，应充分征求各方的意见和建议，确保方案的公正性和合理性。同时，在执行方案过程中，应及时向相关方通报风险情况和应对措施的进展，增强各方的信心和参与度。

（九）持续改进原则

风险应对方案的制订是一个持续改进的过程。随着经验的积累和教训的吸取，应对方案需要不断优化和完善。因此，在制订方案时，应注重总结经验教训，发现存在的问题和不足，提出改进意见和建议。通过持续改进，可以不断提高风险应对方案的质量和效果，为学校的稳定运营和持续发展提供有力保障。

二、风险应对方案的具体内容

（一）概述

在民办高校的运营过程中，风险无处不在，这些风险可能来自财务、教学、招生、管理等各个方面。为了有效应对这些风险，确保学校的稳定运营和持续发展，制订一套具体、可行的风险应对方案显得尤为重要。风险应对方案的具体内容应涵盖风险识别、评估、监控和应对等各个环节，形成一套完整的风险管理体系。

（二）风险识别与评估

风险识别是风险应对的第一步，通过全面梳理学校运营过程中的各个环节，识别出可能存在的风险点。这包括财务风险、教学质量风险、招生就业风险、内部管理风险等多个方面。在识别风险时，要充分考虑学校的实际情况和发展需求，确保识别的准确性。

在识别出风险点后，需要对这些风险进行评估，确定其发生的可能性和影响程度。通过构建风险评估模型，对风险进行量化分析，为后续的应对决策提供依据。同时，还要对风险进行分级管理，根据风险的严重程度和影响范围制定相应的应对措施。

（三）风险监控与预警

风险监控是对已识别出的风险进行持续跟踪和观察的过程。通过建立风险监控机制，定期对风险进行评估和更新，确保对风险的实时掌握。同时，还要加强风险信息的收集和整理，为风险应对提供及时、准确的信息支持。风险预警是在风险监控的基础上，当风险达到预设的阈值时，及时发出预警信号的过程。通过构建风险预警系统，实现对风险的自动识别和预警，提高风险应对的及时性和有效性。预警信号应包括风险类型、风险等级、影响范围等信息，以便于相关部门和人员迅速作出反应。

（四）风险应对措施

针对财务风险，可以采取优化财务管理流程、加强财务监管、提高资金使用效率等措施。同时，还可以通过拓宽融资渠道、降低财务成本等方式，降低财务风险的发生概率。对教学质量风险，可以加强师资队伍建设，提高教师的教学水平和能力；改进教学方法和手段，提升学生的学习效果；加强教学质量监控和评估，及时发现和解决教学中存在的问题。

针对招生就业风险，可以加强市场调研，了解市场需求和变化；优化招生策略，提高招生质量和数量；加强就业指导和服务，提升学生的就业竞争力。对内部管理风险，可以完善内部管理制度和流程，提高管理效率；加强内部控制和监督，防范内部腐败和违规行为；加强员工培训和教育，提高员工的素质和能力。

（五）应急响应与危机管理

在风险应对方案中，还需要考虑应急响应和危机管理的内容。这包括制订应急预案、组建应急小组、储备必要的应急资源等。当风险事件发生时，能够迅速启动应急预案，组织相关人员进行应急处置，减轻风险对学校运营的影响。同时，还要加强危机公关和舆情管理，及时发布信息、回应关切，维护学校的形象和声誉。

（六）风险应对方案的执行与监督

风险应对方案的执行与监督是确保方案有效实施的关键环节。学校应明确各部门的职责和任务，确保各部门能够按照方案要求履行自己的职责。同时，还要建立监督考核机制，对方案的执行情况进行定期检查和评估，发现问题及时整改。通过执行与监督的有机结合，可以确保风险应对方案的有效实施和持续改进。

（七）风险应对方案的修订与完善

风险应对方案不是一成不变的，随着学校的发展和外部环境的变化，方案也需要进行修订和完善。学校应定期对风险应对方案进行评估和调整，确保其始终与学校的实际情况和风险状况相适应。同时，还要加强与其他高校和机构的交流与合作，借鉴他们的经验和做法，不断完善和优化风险应对方案。

三、风险应对方案的实施与调整

（一）概述

在民办高校的运营过程中，风险应对方案的制订只是第一步，方案的实施与调整同样重要。一个完善的风险应对方案如果不能得到有效的实施和及时的调整，其效果将大打折扣。

（二）风险应对方案的实施

风险应对方案的实施首先需要明确组织领导和责任分工。学校应成立专门的风险管理领导小组，负责统筹协调方案的实施工作。同时，要明确各部门在风险应对中的职责和任务，确保责任到人，形成合力。风险应对方案的实施需要全体师生的共同参与和支持。因此，学校应加强对风险应对方案的宣传和培训，提高师生对风险的认识和防范意识。通过举办讲座、研讨会等活动，普及风险管理知识，增强师生的风险应对能力。

实施风险应对方案需要充足的资源保障，包括人力、物力、财力等方面。学校应合理安排预算，确保风险应对所需的资金、设备和场地等得到保障。同时，要严格按照方案要求执行各项措施，确保措施的有效性和可操作性。在实施风险应对方案的过程中，信息沟通和反馈机制至关重要。学校应建立有效的信息沟通渠道，确保各部门之间、师生之间能够及时交流风险信息和应对经验。同时，要建立反馈机制，对方案实施过程中出现的问题和困难进行及时收集与反馈，以便对方案进行调整和优化。

（三）风险应对方案的调整

风险应对方案的调整需要基于定期的风险评估和监测结果。学校应定期对风险应对方案的实施效果进行评估，分析风险的变化趋势和应对措施的有效性。通过监测风险指标和数据，及时发现潜在的风险隐患和不足。

在评估与监测的基础上，学校应广泛收集师生和相关利益方的反馈意见，了解他们对风险应对方案的看法和建议。同时，对实施过程中出现的问题进行深入分析，找出问题的根源和解决方案。

根据评估和反馈结果，学校应对风险应对方案进行优化和调整。对效果不佳或存在问题的措施，要及时进行改进或替换；对新出现的风险点，要制定相应的应对措施并纳入方案中。同时，要关注行业发展趋势和政策变化，及时调整方案以适应外部环境的变化。风险应对方案的调整不是一次性的工作，而是一个持续改进和循环管理的过程。学校应建立长效机制，定期对风险应对方案进行审查和更新，确保其始终与学校的实际情况和风险状况相适应。同时，要加强与其他高校和机构的交流与合作，借鉴他们的经验和做法，不断提升风险管理水平。

（四）风险应对方案实施与调整中的注意事项

在实施和调整风险应对方案时，要注重方案的灵活性和适应性。由于风险具有不确定性和变化性，方案需要能够根据实际情况进行灵活调整，以适应新的风险挑战。风险应对方案的实施与调整涉及多个部门和领域，需要强化跨部门协作和信息共享。各部门之间要加强沟通与合作，形成合力应对风险；要建立信息共享机制，确保风险信息的及时传递和有效利用。

在制订和调整风险应对方案时，要注重方案的实效性和可操作性。方案要针对实际问题提出切实可行的解决措施，避免过于理论化或脱离实际。同时，要确保方案中的措施具有明确的执行步骤和责任分工，以便于实际操作和执行。

第八章 民办高校教学质量风险防范

第一节 教学质量风险的表现形式

一、教学质量风险的主要类型

教师作为教学活动的主体，其素质的高低直接影响到教学质量。教师素质风险主要包括以下几个方面：

专业知识不足：部分教师可能缺乏深厚的学科知识和教学技能，导致在教学过程中无法准确传授知识，影响学生的学习效果。

教学态度不端正：一些教师可能缺乏敬业精神和责任心，对教学工作敷衍塞责，这同样会对教学质量产生负面影响。

教学方法单一：部分教师可能过于依赖传统的教学方法，缺乏创新精神和探索意识，导致课堂氛围沉闷，学生学习积极性不高。

（二）教学资源风险

教学资源是保障教学质量的重要基础，其风险主要表现在以下几个方面：

教材质量不高：教材是学生学习的主要依据，如果教材质量不高，内容陈旧、错误百出，将直接影响学生的学习效果。

教学设施不完善：教学设施是教学活动的物质基础，如果设施不完善或缺乏必要的维护，将影响教学过程的顺利进行。

资金投入不足：教育经费的投入是保障教学质量的关键因素之一。如果教育经费投入不足，将导致教学资源匮乏，影响教学质量的提升。

（三）教学管理风险

教学管理是确保教学质量的重要保障，其风险主要表现在以下几个方面：

教学计划不合理：教学计划是教学活动的指导纲领，如果计划制订不合理或缺乏灵活性，将无法满足学生的学习需求，影响教学质量。

教学评估不科学：教学评估是检验教学质量的重要手段，如果评估体系不科学或执行不到位，将无法准确反映教学质量状况，进而无法有效改进和提升教学质量。

教学管理不规范：教学管理涉及教学过程的各个环节，如果管理不规范或存在漏洞，将导致教学秩序混乱，影响教学质量的稳定和提升。

（四）学生自身风险

学生是教学活动的主体之一，其自身因素就会对教学质量产生一定影响。学生自身风险主要包括以下几个方面：

学习基础薄弱：部分学生的学习基础薄弱，缺乏必要的学习能力和方法，导致在学习过程中难以跟上教学进度，影响学习效果。

学习态度不端正：一些学生可能缺乏学习动力和目标，对学习持消极态度，这同样会对教学质量产生负面影响。

心理素质不稳定：学生在学习过程中可能会遇到各种困难和挑战，如果心理素质不稳定或缺乏应对能力，将影响其学习效果和教学质量。

（五）社会环境风险

社会环境作为外部因素，也会对教学质量产生一定影响。社会环境风险主要包括以下几个方面：

社会对教育的期望与压力：社会对教育的期望往往较高，这会给教育机构和教师带来一定的压力。如果这种压力无法得到合理疏导和缓解，将可能对教学质量产生负面影响。

家庭因素的影响：家庭是学生的重要成长环境，家庭氛围、家长的教育观念和行为方式等都会对学生的学习产生影响。如果家庭因素不利于学生的学习和发展，将可能对教学质量造成一定的风险。

社会文化背景的差异：不同地区、不同民族的社会文化背景可能存在差异，这会对学生的学习习惯和思维方式产生影响。教师需要充分了解并尊重这些差异，否则可能因教学方法不当而导致教学质量下降。

（六）政策风险

教育政策是影响教学质量的重要因素之一。政策风险主要表现在以下几个方面：

政策调整频繁：如果教育政策频繁调整，教师可能需要不断适应新的政策要求，这会对教学稳定性和质量产生一定影响。

政策执行不力：即使制定了良好的教育政策，如果执行不力或存在偏差，也可能导致教学质量无法得到有效提升。

政策导向不明确：教育政策应该明确导向，为教学活动提供清晰的指导。如果政策导向不明确或存在矛盾，将可能使教师感到困惑，影响教学质量。

综上所述，教学质量风险的主要类型包括教师素质风险、教学资源风险、教学管理风险、学生自身风险、社会环境风险以及政策风险等多个方面。这些风险相互交织、相互影响，共同构成了教学质量风险的复杂体系。为了有效应对这些风险，高校需要从多个角度入手，加强教师培训、优化教学资源配置、完善教学管理体系、关注学生个体差异、营造良好的社会环境和制定科学合理的教育政策等措施，以全面提升教学质量。

二、教学质量风险对民办高校声誉的影响

随着高等教育的大众化，民办高校在我国教育体系中占据了重要地位。然而，教学质量风险的存在对民办高校的声誉产生了不可忽视的影响。

（一）教学质量风险概述

教学质量风险是指在教学过程中因各种因素导致的教学质量下降或不稳定，从而影响到学生的学习效果和学校的声誉。这些风险可能来自教师素质、教学资源、教学管理、学生自身以及社会环境等多个方面。

（二）教学质量风险对民办高校声誉的影响

教学质量是民办高校的生命线，直接关系到学校的形象与口碑。当教学质量风险频发时，学生和家长对学校的信任度将降低，导致学校声誉受损。这种负面影响一旦形成，很难在短时间内消除，可能就会对学校的长期发展极为不利。

教学质量风险的存在会降低学校的吸引力，使得招生难度加大。学生和家长在选择学校时，往往会优先考虑教学质量和声誉。因此，一旦学校的教学质量出现问题，学生和家长可能就会转向其他学校，导致学校招生人数下降，进而影响学校的运营和发展。

民办高校的教学质量风险还可能导致毕业生的就业竞争力下降。用人单位在招聘时，往往会关注毕业生的综合素质和专业技能。如果学校的教学质量不稳定，毕业生的综合素质和专业技能可能就无法得到保证，从而影响他们的就业竞争力。

（三）应对教学质量风险，提升民办高校声誉的策略

教师是教学质量的决定性因素。民办高校应加强对教师的选拔和培训，提高教师的专业素质和教学能力。同时，建立科学的激励机制，鼓励教师创新教学方法和手段，提高教学效果。教学资源是保障教学质量的基础。民办高校应加大对教学资源的投入力度，完善教学设施，提高教材质量。此外，还应加强与行业企业的合作，引入优质教学资源，提升教学质量。

教学管理是确保教学质量的关键环节。民办高校应建立健全教学管理体系，完善教学计划、课程设置、教学评估等环节。同时，加强教学质量监控和反馈机制，及时发现和解决教学质量问题。学生是教学活动的主体，民办高校应充分关注学生个体差异，因材施教。通过实施分层教学、个性化辅导等措施，满足不同学生的学习需求，提升教学效果。

校园文化是学校声誉的重要组成部分。民办高校应注重营造积极向上的校园文化氛围，通过开展丰富多彩的校园文化活动，增强学生的归属感和凝聚力，提升学校的整体形象。

三、教学质量风险对学生学习与发展的影响

教学质量风险是教育领域中一个不可忽视的问题，它涉及教师、教学资源、教学管理等多个方面，直接关系到学生的学习效果和发展前景。

（一）教学质量风险概述

教学质量风险是指在教育教学过程中，由于各种因素导致的教学质量下降或不稳定，进而影响到学生的学习效果和学业发展。这些风险可能来自教师的教学方法不当、教学资源匮乏、教学管理不规范等多个方面。

（二）教学质量风险对学生学习的影响

教学质量风险会直接影响到学生的学习兴趣和动力。当教师的教学方法单一、课堂氛围沉闷时，学生往往难以产生浓厚的学习兴趣，甚至可能对学习产生厌倦情绪。这样的学习环境无疑会阻碍学生的积极学习和主动探索。

教学质量风险会制约学生的学习效果和能力提升。如果教师在教学过程中缺乏针对性和有效性，或者教学资源不足以满足学生的学习需求，那么学生的学习效果将大打折扣。长期下来，学生的知识掌握程度和能力水平可能无法得到应有的提升。

教学质量风险可能加重学生的学习负担和压力。在风险存在的情况下，学生可能需要花费更多的时间和精力来弥补学习上的不足，这无疑会加重他们的学习负担。同时，学习效果的不理想也可能导致学生产生焦虑、自卑等负面情绪，进一步加重他们的心理压力。

（三）教学质量风险对学生发展的影响

教学质量风险会对学生的未来学业规划和职业发展产生深远影响。如果一个学生在接受基础教育阶段就遭遇了教学质量风险，那么他的知识基础和能力水平可能无法达到应有的水平，这将直接影响到他未来的学业选择和职业发展。同时教学质量风险还会制约学生的综合素质和创新能力培养。优质的教学应该注重培养学生的思维能力、创新能力、团队协作能力

等多方面的素质。然而，在教学质量风险的影响下，这些重要的素质可能无法得到充分的培养和发展，从而影响到学生的全面发展。

教学质量风险可能损害学生的心理健康和人格成长。长期处于学习压力大、学习效果不佳的状态下，学生可能会产生自卑、焦虑、抑郁等心理问题。这些问题不仅会影响学生的学业表现，还可能对他们的心理健康和人格成长造成长期的负面影响。

（四）应对教学质量风险，促进学生学习与发展的策略

教师是教学质量的关键因素，因此加强教师培训是降低教学质量风险的重要途径。通过定期的培训和学习，教师可以不断更新教育观念，提升教学技能，从而更好地满足学生的学习需求。教学资源的充足与否直接影响到教学质量的高低。学校应该加大对教学资源的投入力度，优化资源配置，提高教学条件。这包括提供先进的教学设备、丰富的教学资料以及舒适的学习环境等。

完善的教学管理体系可以有效降低教学质量风险。学校应该建立健全教学质量监控机制，定期对教学活动进行评估和反馈，及时发现并解决问题；应该加强对教师的考核和评价，激励他们不断提升教学质量。

每个学生都是独特的个体，他们的学习需求和方式各不相同。因此，教师应该关注学生的个体差异，实施个性化教学。通过了解学生的学习兴趣、能力和需求，制订出有针对性的教学计划和方案，可以更好地促进学生的学习与发展。

四、教学质量风险的识别与评估方法

教学质量风险是教育领域中一个重要的议题，它涉及教师、学生、教学资源、教学管理等多个方面，直接关系到学校的教学质量和声誉。为了有效应对教学质量风险，首先需要对其进行准确的识别和评估。

（一）教学质量风险的识别

教学质量风险的识别是风险管理的第一步，也是最为关键的一步。它要求教育管理者能够全面、系统地分析教学过程中可能存在的风险因素，

为后续的风险评估和管理提供依据。

教育管理者可以通过文献查阅、专家咨询、教师座谈等方式，梳理出教学过程中可能存在的风险因素。这些风险因素可能包括教师素质不高、教学资源匮乏、教学管理不规范、学生个体差异大等。

在梳理出风险因素后，教育管理者需要进一步分析这些风险因素可能导致的风险事件。例如，教师素质不高可能导致教学质量下降，教学资源匮乏可能影响学生的学习效果，教学管理不规范可能引发教学事故等。

通过对风险事件的分析，教育管理者可以确定风险源，即导致风险事件发生的根本原因。这有助于教育管理者更加深入地了解教学质量风险的本质，为后续的风险评估和管理提供有针对性的建议。

（二）教学质量风险的评估

教学质量风险的评估是对识别出的风险因素进行量化和分析的过程，旨在确定风险的大小、可能性和影响程度，为风险应对提供依据。

为了对教学质量风险进行客观、全面的评估，需要构建一套科学合理的风险评估指标体系。该指标体系应包括风险发生的可能性、风险发生后的影响程度、风险的可控性等多个维度，以确保评估结果的准确性和可靠性。

在构建好风险评估指标体系后，教育管理者需要收集相关的数据和信息，对教学质量风险进行量化分析。数据可以来自学生的学业成绩、教师的教学评价、教学资源的利用情况等多个方面。通过对这些数据的分析，可以得出教学质量风险的大小、可能性和影响程度。

根据风险评估的结果，教育管理者可以将教学质量风险划分为不同的等级，如高风险、中风险、低风险等。这有助于教育管理者更加清晰地了解风险的分布情况，为后续的风险应对提供有针对性的指导。

（三）教学质量风险识别与评估的注意事项

教育管理者在识别和评估教学质量风险时，应保持客观公正的态度，全面考虑教学过程中可能存在的风险因素。同时，要避免主观臆断和片面性，确保评估结果的准确性和可靠性。教学质量风险是一个动态变化的过程，教育管理者在识别和评估风险时，应根据实际情况进行灵活调整。同时，要定期对教学质量风险进行重新审视和评估，以便及时发现新的风险因素并采取应对措施。

在评估教学质量风险时，既要采用定量的方法对数据进行分析和比较，也要结合定性的方法对风险因素进行描述和解释。这样可以更加全面地了解风险的本质和特征，为风险应对提供更加有力的支持。

五、国内外民办高校教学质量风险防范的比较

民办高校作为高等教育体系的重要组成部分，其教学质量风险防范工作一直备受关注。

（一）国内民办高校教学质量风险防范的现状

在国内，随着民办高校的快速发展，教学质量风险防范逐渐成为教育管理者关注的焦点。国内民办高校在教学质量风险防范方面主要采取以下措施：

国内民办高校注重教师的选拔和培训，通过提高教师的专业素质和教学能力，确保教学质量。同时，建立激励机制，鼓励教师创新教学方法和手段，提高教学效果。国内民办高校建立了较为完善的教学管理体系，包括教学计划、课程设置、教材选用、教学评估等环节。通过严格的教学管理，确保教学过程的规范性和有效性。

国内民办高校注重教学质量监控，通过学生评教、教师互评、专家评估等方式，对教学质量进行定期检查和评估。对发现的问题，及时采取措施进行整改。

（二）国外民办高校教学质量风险防范的经验

国外民办高校在教学质量风险防范方面积累了丰富的经验，主要表现在以下几个方面：

国外民办高校普遍重视教学质量标准的制定和执行，通过明确的教学质量标准来规范教师的教学行为和学生的学习行为。同时，建立教学质量保障机制，确保教学质量的稳步提升。国外民办高校注重教学质量评估和

反馈机制的建立，通过定期的教学质量评估和反馈，及时发现教学中存在的问题和不足，并采取有效措施进行改进。这有助于提高教学质量风险防范的更具针对性和有效性。

国外民办高校积极推行教学质量认证制度，通过认证机构的评估和审核，提升学校的教学质量水平。同时，注重持续改进，不断优化教学资源和教学方法，以适应不断变化的教育环境和学生需求。

（三）国内外民办高校教学质量风险防范的比较分析

国内民办高校在教学质量标准的制定和执行方面还有待加强。虽然国内已有相关的教学质量标准，但在具体执行过程中仍存在标准不明确、执行不力等问题。国外民办高校则更加注重教学质量标准的制定和执行，通过明确的标准和规范的行为来确保教学质量。

国内民办高校在教学质量评估与反馈机制方面已经取得了一定的成果，但仍存在一些问题。例如，评估方式单一、反馈不及时等。相比之下，国外民办高校更加注重教学质量评估的多样性和反馈的及时性，通过多样化的评估方式和及时的反馈机制，更好地发现和解决教学中存在的问题。

国内民办高校在教学质量认证和持续改进方面还需进一步努力。虽然一些国内高校已经开始尝试教学质量认证，但整体上认证制度既不够完善，持续改进的意识也不够强烈。国外民办高校普遍推行教学质量认证制度，并注重持续改进，通过不断优化教学资源和教学方法来提升教学质量。

（四）对我国民办高校教学质量风险防范的启示

通过国内外民办高校教学质量风险防范的比较分析，我们可以得出以下启示：

我国民办高校应进一步加强教学质量标准的制定和执行工作，明确教学质量标准的具体内容和要求，确保教学过程的规范性和有效性。我国民办高校应完善教学质量评估与反馈机制，采用多样化的评估方式，及时收集和分析教学质量信息，为教学改进提供有力支持。

我国民办高校应积极推行教学质量认证制度，通过认证提升学校的教学质量水平。同时，注重持续改进，不断优化教学资源和教学方法，以适应不断变化的教育环境和学生需求。

六、教学质量风险防范面临的新趋势与新挑战

随着教育领域的不断发展和变革，教学质量风险防范也面临着新的趋势和挑战。

（一）教学质量风险防范面临的新趋势

随着信息技术的飞速发展，信息化技术在教学质量风险防范中的应用越来越广泛。通过大数据、人工智能等技术手段，可以实现对教学过程的实时监控和数据分析，帮助教育管理者及时识别和评估教学质量风险，为风险应对提供有力支持。随着全球化进程的加速，教学质量标准的国际化趋势日益明显。国内外教育机构的交流与合作日益增多，国际教学质量标准逐渐成为衡量教学质量的重要尺度。因此，我国民办高校需要积极借鉴国际先进的教学质量管理经验，提升教学质量风险防范的水平。

教学质量风险防范不再是一次性的任务，而是需要持续进行的过程。教育管理者需要不断关注教学质量的变化和发展趋势，及时调整和完善风险防范措施。同时，还需要注重创新，探索新的风险防范方法和手段，以适应不断变化的教育环境。

（二）教学质量风险防范面临的新挑战

随着教育改革的深入，多元化教学模式逐渐成为主流。然而，不同的教学模式对教学质量的要求和影响因素也各不相同。这要求教育管理者在识别和评估教学质量风险时，需要充分考虑不同教学模式的特点和差异，制定有针对性的风险防范措施。随着学生个性化需求的不断增加，传统的教学质量风险防范方法已难以满足需求。学生之间的差异性越来越大，对教学质量的要求也越来越高。教育管理者需要更加关注学生的个性化需求，制定更加灵活和个性化的风险防范策略。

教学质量风险涉及多个方面和多个层次，其评估过程具有较大的复杂性。教育管理者需要综合考虑教师、学生、教学资源、教学环境等多个因素，进行全面、系统的风险评估。然而，由于信息获取和分析能力的限制，

教学质量风险评估的准确性和可靠性仍面临一定的挑战。

（三）应对教学质量风险防范新趋势与新挑战的策略

教育管理者应充分利用信息化技术，提升教学质量风险防范的效率和准确性。通过构建教学质量风险防范的信息系统，实现对教学过程的实时监控和数据分析，为风险识别和评估提供有力支持。我国民办高校应积极与国际教育机构开展交流与合作，引进国际先进的教学质量标准和管理经验。同时，结合我国实际情况，制定符合国际标准的教学质量风险防范措施，提升我国教育质量的国际竞争力。

教育管理者应持续关注教学质量的变化和发展趋势，及时调整和完善风险防范措施。同时，鼓励教师和管理人员开展教学质量风险防范的创新实践，探索新的风险防范方法和手段。

针对多元化教学模式的挑战，教育管理者需要制定灵活多样的风险防范策略。针对不同教学模式的特点和需求，制定相应的风险防范措施和评估标准，确保教学质量的有效提升。教育管理者应深入了解学生的个性化需求，制定个性化的教学质量风险防范策略。通过与学生进行沟通和交流，了解他们的学习状况和需求，为他们提供有针对性的教学支持和指导。

为了应对教学质量风险评估的复杂性挑战，教育管理者需要不断提升自己的风险评估能力。通过加强学习和培训，掌握先进的风险评估方法和技术手段，提高风险评估的准确性和可靠性。

第二节　教学质量风险防范体系的构建

一、教学质量风险防范体系的设计原则

教学质量风险防范体系是确保教育机构稳定运行、提升教学质量、保障学生权益的关键机制。在构建这一体系时，必须遵循一系列设计原则，以确保其有效性、系统性和前瞻性。

（一）系统性原则

教学质量风险防范体系的设计应遵循系统性原则，即从整体出发，全面考虑教学过程中的各个环节和要素。这包括教学目标的设定、教学内容的选择、教学方法的运用、教学资源的配置、教学管理的实施以及教学评估的开展等。系统性原则要求在设计风险防范体系时，将这些环节和要素作为一个有机整体进行考虑，确保各部分之间的协调性和一致性。

（二）前瞻性原则

教学质量风险防范体系的设计应具有前瞻性，即能够预见未来可能出现的教学质量问题，并提前采取相应的防范措施。这要求教育机构密切关注教育领域的发展趋势和变化，及时调整和完善风险防范体系。同时，还需要关注学生的学习需求和社会对人才的需求变化，以便及时调整教学内容和方法，提高教学质量的更具针对性和实效性。

（三）科学性原则

教学质量风险防范体系的设计应遵循科学性原则，即基于教育学的理论研究和实证分析，确保防范措施的科学性和有效性。在设计过程中，应充分借鉴国内外先进的教育理论和实践经验，结合本机构的实际情况，制定符合教育规律和学生特点的防范措施。同时，还需要运用科学的研究方法，对教学质量进行定期评估和分析，以便及时发现和解决问题。

（四）可操作性原则

教学质量风险防范体系的设计应注重可操作性，即确保防范措施易于实施和执行。在设计过程中，应充分考虑教育机构的实际情况和资源条件，制定切实可行的防范措施。同时，还需要注重培训和教育，提高教师和管理人员对风险防范体系的认识与理解，增强他们的执行力和应对能力。

（五）动态性原则

教学质量风险防范体系的设计应具有动态性，即能够根据教学过程中的实际情况进行灵活调整和优化。在教学过程中，可能会出现各种预料之外的情况和问题，因此，风险防范体系需要具备一定的灵活性和适应性。设计时应考虑建立有效的反馈机制，及时收集和分析教学质量信息，对体系进行持续改进和优化。此外，还需要关注教育政策、教育技术的变化，以及学生需求和社会需求的变化，及时调整风险防范策略，确保体系的时效性和有效性。

（六）全员参与原则

教学质量风险防范体系的设计应强调全员参与，即鼓励教师、学生、管理人员等各方积极参与风险防范工作。教师是教学质量风险防范体系的重要执行者，应充分发挥他们的专业优势和实践经验，为体系的设计和实施提供有力支持。学生作为教学质量的直接受益者，他们的反馈和建议对改进体系具有重要意义。管理人员则应承担起组织协调和监督评估的职责，确保体系的顺利运行。

（七）风险与收益平衡原则

在设计教学质量风险防范体系时，需要权衡风险与收益的关系。虽然加强风险防范可以降低教学质量问题的发生概率，但也可能带来一定的成本投入和资源消耗。因此，在设计过程中，需要综合考虑风险防范措施的成本效益，确保在保障教学质量的同时，不过度增加教育机构的负担。

二、教学质量风险防范体系的组成要素

教学质量风险防范体系是一个多维度、多层次的综合性体系，旨在通过系统的手段预防和控制教学质量风险的发生。该体系由多个关键要素组成，每个要素都发挥着不可或缺的作用，共同维护和提高教学质量。

（一）教学质量标准与规范

教学质量标准是衡量教学质量的重要依据，它规定了教学活动应达到的基本要求和水平。制定明确、具体的教学质量标准，有助于教师明确教学目标，规范教学行为，确保教学质量。同时，教学质量规范也是对教师教学行为的约束和指导，有助于减少教学过程中的随意性和不确定性，降低教学质量风险。

（二）教学质量监控与评估机制

教学质量监控与评估机制是教学质量风险防范体系的核心组成部分。通过对教学过程进行实时监控和定期评估，可以及时发现教学中存在的问题和风险，为采取针对性措施提供依据。监控与评估机制应包括课堂教学观察、学生反馈收集、教学资料审查等多个环节，确保对教学质量进行全面、客观的评估。

（三）教学资源保障与管理

教学资源是教学活动得以顺利进行的基础条件，包括教师资源、教学设施、教学材料等。保障教学资源的充足性、优质性和适应性，对提高教学质量、防范教学质量风险具有重要意义。因此，教学质量风险防范体系应重视教学资源的规划、配置和管理，确保教学资源能够满足教学需求，为教学质量提供有力保障。

（四）教学管理与服务支持

教学管理是教学质量风险防范体系的重要组成部分，它涉及教学计划制订、教学进度安排、教学团队建设等多个方面。通过科学的教学管理，可以优化教学流程，提高教学效率，降低教学质量风险。同时，教学服务支持也是不可或缺的，包括学生咨询、教学辅导、教学资源共享等，这些服务能够为学生提供及时、有效的帮助，提升学生的学习体验和学习效果。

（五）教学质量风险识别与预警系统

教学质量风险识别与预警系统是教学质量风险防范体系的重要组成部分。该系统通过收集和分析教学质量数据，识别潜在的教学质量风险，并提前发出预警，以便教育管理者及时采取措施进行干预。风险识别与预警系统的建立需要依赖先进的信息技术手段，如大数据分析、人工智能等，以提高风险识别的准确性和预警的及时性。

（六）教学质量风险应对与处置机制

当教学质量风险发生时，需要有一套有效的应对与处置机制来应对和化解风险。这包括制定应急预案、组织应急团队、开展风险处置等。应对与处置机制需要明确责任分工、协调各方资源，确保在风险发生时能够迅速、有效地进行处置，减轻风险对教学质量的影响。

（七）教学质量风险防范文化

教学质量风险防范文化是整个体系的软实力，它涉及教育机构的价值观念、行为准则和师生对教学质量风险防范的认识与态度。通过培育积极的教学质量风险防范文化，可以激发师生参与教学质量风险防范的积极性和主动性，增强风险防范的意识和能力。同时，良好的文化氛围也有助于形成积极向上的教学风气，为提升教学质量创造有利条件。

三、教学质量风险防范体系的运作机制

教学质量风险防范体系的运作机制是一个系统性、动态性的过程，旨在通过一系列相互关联、相互作用的环节和措施，有效预防和应对教学质量风险，确保教学质量的稳定和提升。

（一）风险识别与评估机制

风险识别与评估是教学质量风险防范体系的首要环节。该机制通过定期收集和分析教学质量数据，包括学生反馈、教师自评、专家评价等多元信息，全面识别教学过程中可能存在的风险点。在此基础上，运用科学的风险评估方法，对识别出的风险进行量化分析和等级划分，为后续的风险防范和应对提供决策依据。

（二）风险防范策略制定机制

针对识别出的教学质量风险，风险防范策略制定机制负责制定相应的防范措施和应对策略。这些策略应根据风险的性质、程度和影响范围进行差异化制定，确保措施的针对性和有效性。同时，在策略制定过程中还应充分考虑教育机构的实际情况和资源条件，确保措施的可行性和可操作性。

（三）风险监控与预警机制

风险监控与预警机制负责对教学质量风险进行实时监控和动态预警。通过定期收集教学质量数据、分析风险变化趋势，及时发现新的风险点或潜在风险。当风险达到预设的预警阈值时，系统自动触发预警机制，向相关人员发送预警信息，提醒其采取相应措施进行干预和处置。

（四）风险应对与处置机制

当教学质量风险发生时，风险应对与处置机制就会迅速启动，组织相关人员对风险进行快速响应和有效处置。根据风险的性质和程度，采取相应的应对措施，如调整教学计划、加强教师培训、优化教学资源配置等。同时，建立风险处置的应急预案和流程，确保在紧急情况下能够迅速、有序地进行处置。

（五）持续改进与优化机制

教学质量风险防范体系是一个持续改进和优化的过程。持续改进与优化机制负责对体系的运作效果进行定期评估和总结，发现存在的问题和不足，提出改进措施和优化建议。同时，根据教育政策的变化、教学技术的更新以及学生需求的变化，及时调整和完善风险防范策略和措施，确保体系的时效性和有效性。

（六）沟通与协作机制

沟通与协作机制是教学质量风险防范体系顺利运作的重要保障。通过建立良好的沟通渠道和协作平台，促进教育机构内部各部门、各角色之间的信息共享、资源共享和经验共享。同时，加强与外部机构、专家学者的交流与合作，借鉴先进经验和做法，提升教学质量风险防范水平。

（七）激励与约束机制

激励与约束机制是激发师生参与教学质量风险防范体系运作的重要动

力。通过设立奖励机制，对在教学质量风险防范工作中表现突出的师生进行表彰和奖励，激发其积极性和创造力。同时，建立约束机制，对教学质量风险防范工作不力的师生进行提醒和督促，确保其履行职责和义务。

在教学质量风险防范体系的运作过程中，这些机制相互关联、相互作用，形成一个闭环的运作流程。风险识别与评估机制，可以为制定防范策略提供依据；风险防范策略制定机制，可以为风险监控与预警机制提供指导；风险监控与预警机制，可以为风险应对与处置机制提供预警信息；风险应对与处置机制则根据预警信息进行快速响应和有效处置；持续改进与优化机制则对体系的运作效果进行评估和总结，推动体系的不断完善和发展；沟通与协作机制，可以促进各部门、各角色之间的信息共享和协作配合；激励与约束机制，可以激发师生参与教学质量风险防范的积极性。

总之，教学质量风险防范体系的运作机制是一个系统性、动态性的过程，需要各个环节和机制的协同配合和有效运作。只有建立完善的运作机制，才能有效预防和应对教学质量风险，提升教学质量水平，为培养高素质人才提供有力保障。

四、教学质量风险防范体系的实施步骤

教学质量风险防范体系的实施是一项系统性、长期性的工作，需要明确的目标、科学的规划和细致的步骤。以下是教学质量风险防范体系实施的主要步骤，旨在帮助教育机构有效地预防和控制教学质量风险，提升教学质量。

（一）明确目标与原则

首先，教育机构应明确教学质量风险防范体系的目标，即确保教学质量的稳定提升，降低教学质量风险的发生概率和影响程度。其次，确立体系实施的原则，如系统性原则、前瞻性原则、科学性原则、可操作性原则等，为后续的体系构建和实施提供指导。

（二）制定详细计划

制定详细的实施计划是教学质量风险防范体系成功的关键。计划应包

括体系建设的时间节点、各阶段的主要任务、所需资源及预算等。通过制定详细的实施计划，可以确保体系建设的有序进行，避免资源的浪费和时间的延误。

（三）建立组织架构

为确保教学质量风险防范体系的顺利实施，教育机构应建立相应的组织架构，明确各部门的职责和分工。可以成立专门的教学质量风险防范领导小组，负责统筹协调体系建设的各项工作。同时，各教学单位、管理部门和教辅机构也应明确自身在体系中的角色和职责，形成合力。

（四）开展风险识别与评估

风险识别与评估是教学质量风险防范体系的基础工作。教育机构应通过问卷调查、访谈、观察等多种方式，全面收集教学质量风险信息，识别潜在的风险点。在此基础上，运用科学的风险评估方法，对风险进行量化分析和等级划分，为后续的风险防范和应对提供依据。

（五）制定风险防范措施

针对识别出的教学质量风险，教育机构应制定相应的防范措施和应对策略。这些措施应包括制度层面的完善、教学资源的优化配置、教学过程的规范管理等方面。同时，应充分考虑教育机构的实际情况和资源条件，确保措施的可行性和有效性。

（六）实施风险防范措施

在制定好防范措施后，教育机构应组织相关部门和人员，按照实施计划的要求，逐步推进各项措施的实施。在实施过程中，应注重与师生的沟通和协作，确保措施能够得到有效执行。同时，应建立监督机制，对措施的实施情况进行定期检查和评估，确保措施的有效性。

（七）加强风险监控与预警

风险监控与预警是教学质量风险防范体系的重要组成部分。教育机构应建立风险监控机制，对教学质量风险进行实时监控和动态分析。当发现风险达到预设的预警阈值时，应及时触发预警机制，向相关部门和人员发送预警信息，提醒其采取相应措施进行干预和处置。

（八）持续改进与优化

教学质量风险防范体系是一个持续改进和优化的过程。在实施过程中，教育机构应定期对体系的运作效果进行评估和总结，发现存在的问题和不足，提出改进措施和优化建议。同时，应根据教育政策的变化、教学技术的更新以及学生需求的变化，及时调整和完善风险防范策略和措施，确保体系的时效性和有效性。

（九）加强师生培训与宣传

为提高师生对教学质量风险防范体系的认识和参与度，教育机构应加强相关培训和宣传工作。通过组织培训活动、编写宣传材料等方式，向师生普及教学质量风险防范的知识和技能，增强其风险防范意识和能力。同时，应鼓励师生积极参与体系的建设和实施工作，形成全员参与的良好氛围。

（十）建立激励与约束机制

为激发师生参与教学质量风险防范体系建设的积极性，教育机构应建立相应的激励与约束机制。通过设立奖励机制，对在体系建设和实施中表现突出的师生进行表彰和奖励；建立约束机制，对未履行职责或违反规定的师生进行提醒和督促。通过激励与约束机制的建立，可以形成有效的激励机制，推动体系的顺利实施。

五、教学质量风险防范体系的持续改进与优化

（一）概述

在高等教育领域，教学质量是评价一所学校办学水平的重要指标，也是学校核心竞争力的重要组成部分。然而，随着教育环境的不断变化和教

育需求的日益多样化，教学质量风险也随之增加。因此，建立并完善教学质量风险防范体系，对保障和提升教学质量具有至关重要的意义。

（二）教学质量风险防范体系的现状分析

目前，许多高校已经建立了教学质量风险防范体系，但在实际操作中仍存在一些问题。首先，一些高校对教学质量风险的识别不够全面，往往只关注教学过程中的显性风险，而忽视了隐性风险的存在。其次，风险评估和预警机制不够健全，无法及时发现和应对潜在的教学质量风险。再次，风险应对措施的执行力度不够，导致风险事件发生后无法得到及时有效的处理。最后，教学质量风险防范体系的持续改进和优化意识不强，缺乏长效的改进机制。

（三）教学质量风险防范体系的持续改进策略

为了更全面地识别教学质量风险，高校应建立风险识别机制，定期组织教学管理人员、教师和相关人员开展风险识别工作。同时，要注重对隐性风险的识别和防范，如学生的学习态度、心理状况等。通过全面的风险识别，为风险防范体系的构建提供有力支撑。高校应建立科学的风险评估体系，对教学过程中的各个环节进行风险评估，确定风险等级和优先级。同时，建立风险预警机制，通过数据分析和监测，及时发现潜在的教学质量风险，并采取相应的预警措施。此外，还应加强与相关部门的沟通协调，形成合力应对风险。

针对识别出的教学质量风险，高校应制定具体的应对措施，并明确责任人和执行时间。同时，建立监督机制，对风险应对措施的执行情况进行跟踪和检查，确保措施得到有效落实。对执行不力的情况，应及时进行整改和问责，以提高风险应对的效率和效果。教学质量风险防范体系的建设不是一蹴而就的，需要不断地进行改进和优化。高校应建立长效的改进机制，定期对教学质量风险防范体系进行评估和反思，发现存在的问题和不足，并制定改进措施。同时，加强与其他高校的交流合作，借鉴先进经验和技术手段，不断完善和优化教学质量风险防范体系。

（四）教学质量风险防范体系优化的具体措施

高校应加强对教学质量管理团队的培养和培训，提高其专业素质和风险管理能力。通过组织定期的培训和学习活动，使团队成员掌握最新的教学质量管理理念和风险防范技术，为体系的持续改进和优化提供有力的人才保障。高校应积极引入先进的教学质量管理理念和技术手段，如大数据分析、人工智能等，提高教学质量风险防范的精准性和效率。通过对教学数据的深入挖掘和分析，发现潜在的教学质量风险，为决策提供科学依据。

高校应建立教学质量信息公开和共享机制，及时发布教学质量相关信息，包括风险评估结果、预警信息等，使全体师生和相关人员能够了解教学质量状况和风险情况。同时，加强与其他高校的交流合作，共同分享风险防范经验和技术成果，推动教学质量风险防范体系的整体提升。

第三节　教学质量监控与评估机制

一、教学质量监控与评估的目的与意义

教学质量是高等教育的生命线，它直接关系到人才培养的质量和社会对高等教育的认可程度。因此，教学质量监控与评估作为保障和提升教学质量的重要手段，其目的与意义不容忽视。

（一）教学质量监控与评估的目的

教学质量监控与评估的首要目的是确保教学质量的稳定和持续提升。通过对教学过程的各个环节进行实时监控和定期评估，可以及时发现教学中存在的问题和不足，从而有针对性地采取措施加以改进。这不仅能够确保教学质量的基本稳定，还能够推动教学质量向更高水平迈进。

教学质量监控与评估有助于推动教学改革与创新。通过对教学现状的全面分析，可以发现教学中存在的瓶颈和制约因素，为教学改革提供有力的依据。同时，监控与评估还可以激励教师积极探索新的教学方法和手段，推动教学创新，以适应时代发展和人才培养的需求。

教学质量监控与评估有助于提高教学管理水平和效率。通过对教学过程的监控和评估，可以及时发现教学管理中的漏洞和不足，为完善教学管理制度和流程提供依据。同时，监控与评估还可以促进教学资源的优化配置，提高教学管理的科学性和有效性。

（二）教学质量监控与评估的意义

教学质量监控与评估对提高人才培养质量具有重要意义。通过对教学质量的全面把控，可以确保学生在接受高等教育的过程中获得更好的学习体验和更丰富的知识技能。这不仅能够提高学生的综合素质和竞争力，还能够为社会输送更多优秀人才，推动社会的进步和发展。

教学质量监控与评估是提升学校声誉和影响力的重要途径。一所高校的教学质量直接关系到其社会认可度和声誉。通过教学质量监控与评估，学校可以展示自己的教学实力和成果，提升其在社会上的知名度和影响力。这不仅有助于吸引更多的优秀学生和教师资源，还能够为学校的长远发展奠定坚实基础。

教学质量监控与评估对教师的专业成长与发展具有积极意义。通过对教学质量的评估，教师可以了解自己的教学水平和存在的问题，从而有针对性地改进教学方法和手段。同时，监控与评估还可以激发教师的教学热情和创新精神，推动他们不断追求教学卓越，实现自我价值的提升。

（三）实施教学质量监控与评估的注意事项

教学质量监控与评估的结果直接关系到教师的利益和学校的声誉，因此必须确保监控与评估的公正性和客观性。要制定科学的评估标准和程序，避免主观臆断和偏见的影响。同时，要建立健全的申诉机制，保障教师的合法权益。

教学质量监控与评估的目的在于发现问题、解决问题并推动教学质量的提升。因此，要注重监控与评估的实效性和可操作性。要针对教学中存在的具体问题制定有效的改进措施，确保监控与评估结果能够真正转化为教学质量提升的动力。

教学质量监控与评估的结果不仅要用于对教师和学校的评价，还要注重结果的反馈与应用。要及时将监控与评估结果反馈给相关单位和个人，帮助他们了解自身的教学水平和存在的问题，并制定改进措施。同时，要将监控与评估结果作为教学管理决策的重要依据，推动教学质量的持续改进。

二、教学质量监控与评估的标准与指标

教学质量监控与评估作为高校教学质量保障体系的核心环节，对促进教学质量提升、保障人才培养质量具有至关重要的作用。在实施教学质量监控与评估时，明确的标准与指标是确保评估结果客观、公正和有效的基础。

（一）教学质量监控与评估的标准

教学目标与人才培养定位的符合性是教学质量监控与评估的首要标准。高校应明确各专业的教学目标和人才培养定位，确保教学活动紧密围绕这些目标和定位展开。评估时应重点关注教学内容、教学方法、教学资源等方面是否与教学目标和人才培养定位相匹配。

教学过程的规范性与创新性是教学质量监控与评估的重要标准。规范性要求教学活动遵循教育规律，符合教学计划和教学大纲的要求，确保教学秩序的稳定和教学质量的基本保障。创新性则强调教师在教学过程中积极探索新的教学方法和手段，激发学生的学习兴趣和创新能力，推动教学改革与发展。

教学效果的达成度与满意度是衡量教学质量的重要标准。达成度主要关注学生是否掌握了教学计划规定的知识和技能，是否达到预期的学习效果。满意度则从学生、教师和社会三个维度出发，评估学生对教学活动的满意度、教师对教学工作的满意度以及社会对人才培养质量的满意度。

（二）教学质量监控与评估的指标

课程设置与教学内容是教学质量监控与评估的基础指标。具体包括课程体系的完整性、课程结构的合理性、教学内容的先进性和实用性等方面。评估时应关注课程是否能够满足人才培养的需求，是否有助于学生综合素

质的提升。教学方法与手段是教学质量监控与评估的关键指标。教师应根据课程特点和学生需求，灵活运用多种教学方法和手段，如案例教学、项目教学、线上线下混合式教学等。评估时应关注教学方法的多样性和有效性，以及教学手段的先进性和适用性。

教学资源与条件是保障教学质量的重要基础。评估时应关注教学设施、教学设备、教学材料等方面的配备情况，以及师资队伍的素质和能力。同时，还应关注教学资源的利用效率和共享程度，确保教学资源能够充分发挥其在教学过程中的作用。学生学习效果与反馈是评估教学质量的重要依据。评估时应关注学生的学习成绩、学习态度、学习能力等方面的表现，以及学生对教学活动的反馈意见。通过对学生学习效果和反馈的分析，可以了解教学质量的实际情况，为改进教学工作提供有针对性的建议。

（三）制定并执行教学质量监控与评估标准及指标的策略

高校应根据自身办学特色和人才培养目标，制定符合实际的教学质量监控与评估标准及指标体系。在制定过程中，应充分借鉴国内外先进经验，结合本校实际情况进行创新性探索。同时，还应注重标准与指标的可操作性和可衡量性，确保评估结果的客观性和公正性。

为了使广大教师和学生充分了解并认同教学质量监控与评估的标准与指标，高校应加强相关内容的宣传与培训。通过举办讲座、研讨会等形式，向师生普及教学质量监控与评估的重要性以及标准与指标的具体内容。同时，还应加强对评估人员的培训，提高他们的评估能力和水平。

教学质量监控与评估应形成定期评估与反馈机制。高校应定期组织教学质量评估活动，对教学活动进行全面、系统的检查与评估。评估结果应及时反馈给相关部门和人员，帮助他们了解教学质量的实际情况和存在的问题，并制定改进措施。同时，还应建立奖惩机制，对教学质量优秀的单位和个人给予表彰和奖励，对教学质量不佳的单位和个人进行督促与整改。

三、教学质量监控与评估的流程及方法

教学质量监控与评估作为高校教学管理的重要环节，旨在确保教学质量的持续提升和人才培养目标的达成。一个完善的教学质量监控与评估流

程，应当包括明确的目标设定、科学的指标体系构建、有效的数据收集与分析以及结果反馈与改进等多个环节。同时，还需要采用多种方法，以确保评估的准确性和客观性。

（一）教学质量监控与评估的流程

在教学质量监控与评估的开始阶段，首先需要明确评估的目标和预期效果。这通常涉及对教学质量标准的理解以及对人才培养目标的把握。在此基础上，制订具体的评估计划，包括评估的时间安排、参与人员、评估范围以及所需资源等。

指标体系是教学质量监控与评估的核心。构建指标体系时，应充分考虑专业特点、课程设置、教学方法以及学生需求等多个方面。指标应具有代表性、可操作性和可衡量性，能够全面反映教学质量的各个方面。数据收集是评估过程中的关键环节。可以通过问卷调查、课堂观察、学生评价、教师自评等多种方式收集数据。收集到的数据需要进行整理、分类和量化处理，以便进行后续的分析和比较。

在数据分析阶段，采用合适的统计方法和工具对收集到的数据进行处理与分析。通过对比、趋势分析、相关性分析等方法，揭示教学质量的现状、存在的问题以及改进的方向。评估结果需要及时反馈给相关部门和人员，包括学校领导、教师、学生以及教学管理部门等。根据反馈结果，制定有针对性的改进措施，并明确改进的目标和时间节点。同时，建立跟踪监督机制，确保改进措施得到有效执行。

（二）教学质量监控与评估的方法

问卷调查法是一种常用的教学质量监控与评估方法。通过设计合理的问卷，向学生、教师以及其他利益相关者收集关于教学质量的意见和建议。问卷调查法具有操作简便、覆盖面广的优点，可以迅速收集大量数据。需要注意的是，问卷设计应科学合理，避免主观性和歧义性。课堂观察法是通过直接观察教学过程来评估教学质量的方法。观察者可以是教师、教学管理人员或外部专家，他们可以在课堂上观察教师的教学态度、教学方法、学生反应等方面的情况。课堂观察法能够提供直观、真实的教学信息，有助于深入了解教学过程的细节。需要注意的是，观察者应具备一定的专业知识和观察技能，以确保观察的准确性和客观性。

学生评价法是通过学生对教师和教学质量的评价来反映教学状况的方法。学生作为教学的直接受益者，他们的评价对了解教学质量具有重要意义。学生评价可以通过在线评价系统、问卷调查或座谈会等方式进行。这种方法能够直接反映学生的需求和满意度，有助于教师了解自身的教学水平和存在的问题。同时，学生评价也可能受到多种因素的影响，如个人情感、课程难度等，因此需要结合其他方法进行综合评估。

教师自评法是教师对自己的教学过程和效果进行反思及评价的方法。通过自我反思和自我评价，教师可以发现自身在教学中的优点和不足，进而制定改进措施。这种方法有助于提高教师的自我意识和教学能力。需要注意的是，教师自评可能存在主观性和自我肯定倾向，因此需要与其他方法相结合使用。案例分析法是通过分析典型教学案例来评估教学质量的方法。选择具有代表性的教学案例进行深入剖析，可以揭示教学中的成功经验和存在的问题。案例分析法有助于深入理解教学现象的本质和规律，为教学质量改进提供有益的启示。同时，案例的选择还应具有代表性和典型性，同时分析过程应客观公正。

（三）教学质量监控与评估流程的完善及优化

为确保教学质量监控与评估流程的有效性和可持续性，高校应不断完善和优化该流程。这包括定期审查评估目标和指标体系的适用性、更新数据收集和分析方法以适应时代需求、加强结果反馈与改进机制的落实等。同时，还应注重与其他教学管理环节的衔接与配合，形成完整的教学质量保障体系。

四、教学质量监控与评估结果的反馈及应用

教学质量监控与评估作为高校教学管理的重要环节，其目的在于通过收集和分析教学过程中的数据，发现存在的问题，提出改进措施，进而提升教学质量。评估结果的反馈与应用则是这一过程中不可或缺的一环，它直接关系到教学质量改进的实效性和可持续性。

（一）教学质量监控与评估结果反馈的重要性

教学质量监控与评估结果的反馈是改进教学质量的关键步骤。通过将评估结果及时反馈给相关人员，可以帮助他们了解教学现状，认识存在的问题和不足，从而有针对性地制定改进措施。同时，反馈过程也是一个沟通交流的过程，有助于增强教师、学生和管理人员之间的互信与合作，共同推动教学质量的提升。

（二）教学质量监控与评估结果反馈的方式及途径

书面报告是一种常见的教学质量监控与评估结果反馈方式。评估团队将评估结果整理成报告，详细列出存在的问题、原因及改进建议，并递交给相关部门和人员。这种方式具有信息量大、易于保存和传播的优点，但需要注意报告的准确性和客观性，避免产生歧义。通过召开教学质量监控与评估结果反馈会议，可以面对面地与相关人员进行深入交流和讨论。会议中，评估团队可以详细解释评估结果，听取各方意见和建议，共同商讨改进措施。这种方式具有互动性强、沟通效果好的特点，有助于增进理解和共识。

针对个别教师或课程存在的问题，可以采用个别沟通的方式进行反馈。评估团队可以与相关教师或管理人员进行一对一的交流，详细阐述评估结果和改进建议，听取他们的意见和想法。这种方式具有针对性强、私密性好的优点，有助于保护个人隐私和尊严。

（三）教学质量监控与评估结果的应用策略

根据评估结果，针对存在的问题和不足，制定具体的改进措施。这些措施应具有针对性、可操作性和可衡量性，能够切实解决教学过程中的实际问题。同时，改进措施的实施应明确责任人和时间节点，确保得到有效执行。

评估结果可以反映出教师在教学过程中的优点和不足。针对这些问题，高校应加强教师培训与发展工作，提升教师的教学能力和专业素养。通过组织培训课程、开展教学研讨、邀请专家指导等方式，帮助教师改进教学方法和手段，提高教学效果。

评估结果可以反映出教学资源的使用情况和配置效率。高校应根据评估结果，优化教学资源的配置，确保教学设施、教学材料等方面的投入能够满足教学需求。同时，加强教学资源的共享和利用，提高资源利用效率，降低教学成本。

教学质量监控与评估结果的反馈与应用有助于发现教学管理制度中存在的问题和不足。高校应根据评估结果，完善教学管理制度，明确教学管理的职责和权限，规范教学管理流程，确保教学工作的有序进行。同时，加强教学管理的监督和考核，确保制度的有效执行。

（四）教学质量监控与评估结果反馈及应用面临的挑战与应对策略

在实际操作过程中，教学质量监控与评估结果的反馈及应用面临着一些挑战。例如，部分教师可能对评估结果持怀疑态度，认为评估结果不够客观公正；改进措施的实施可能受到多种因素的制约，如资金、时间、人员等。为应对这些挑战，高校应采取以下措施：

加强评估过程的公开透明，确保评估结果的客观性和公正性。可以邀请外部专家参与评估工作，增加评估的权威性和公信力；加强评估结果的复核和审查，确保结果的准确性和可靠性。加强与教师、学生和管理人员的沟通与协调，增进相互理解和信任。在反馈评估结果时，应注重解释和说明，避免产生误解和歧义；积极听取各方意见和建议，共同商讨改进措施。

为改进措施的实施提供必要的支持和保障。可以设立专项资金用于支持教学改进工作；加强教学资源的建设和更新，为教学改进提供物质基础。

五、教学质量监控与评估机制的创新及发展

教学质量监控与评估机制作为高校教学管理的核心环节，对于提升教学质量、促进人才培养具有重要意义。然而，传统的监控与评估机制往往存在评估指标单一、评估方法陈旧、反馈机制不畅等问题，难以适应新时代高等教育发展的需求。因此，创新及发展教学质量监控与评估机制成为

高校教学管理的紧迫任务。

（一）教学质量监控与评估机制创新的必要性

随着高等教育普及化、国际化的趋势加剧，高校面临着日益激烈的竞争和挑战。为了提升教学质量，高校必须不断创新教学质量监控与评估机制，以适应高等教育发展的新形势。新时代对人才培养提出了更高的要求，不仅需要学生具备扎实的专业知识，还需要具备创新能力、实践能力和跨文化交流能力等。传统的监控与评估机制往往难以全面反映这些能力的培养情况，因此需要进行创新。

传统的监控与评估机制存在诸多问题，如评估指标单一、评估方法陈旧、反馈机制不畅等。这些问题导致监控与评估结果不准确、不全面，难以真实反映教学质量的实际情况。因此，创新机制是解决这些问题的有效途径。

（二）教学质量监控与评估机制创新的路径与方法

传统的评估指标体系往往过于注重学生的考试成绩和教师的科研成果，忽视对学生综合素质和教师教学过程的评价。因此，应构建多元化的评估指标体系，包括学生综合素质评价、教师教学能力评价、课程设置与教学内容评价等多个方面。

除了传统的问卷调查、课堂观察等方法，还应引入更多的现代评估技术，如大数据分析、学习分析等。这些方法可以更全面、更深入地了解教学质量的各个方面，提高评估的准确性和客观性。

反馈是监控与评估机制中至关重要的一环。应建立有效的反馈机制，确保评估结果能够及时、准确地反馈给相关部门和人员。同时，还应加强反馈结果的跟踪和督促，确保改进措施得到有效执行。信息化技术是提升教学质量监控与评估机制效率的重要手段。应充分利用信息技术手段，构建教学质量监控与评估信息系统，实现数据的实时采集、分析和反馈，提高监控与评估工作的效率和准确性。

（三）教学质量监控与评估机制的发展趋势

随着人工智能技术的不断发展，教学质量监控与评估机制将向智能化方向发展。通过利用大数据、机器学习等技术手段，实现对教学质量的智能分析和预测，为教学改进提供更有针对性的建议。未来的教学质量监控与评估将更加注重个性化需求。根据不同专业、不同课程的特点和学生的个性化需求，制定更具针对性的评估指标和方法，以更准确地反映教学质量。

随着高等教育的国际化趋势加强，教学质量监控与评估机制也将与国际接轨。借鉴国际先进经验，引入国际评估标准和方法，提升我国高等教育在国际上的竞争力和影响力。

（四）教学质量监控与评估机制创新与发展的挑战与应对

在机制创新与发展过程中，技术是实现创新的关键。高校应加大对信息化技术的投入力度，加强技术人员的培训，提升技术应用的水平和能力。同时，积极与科研机构、企业等合作，共同研发适用于教学质量监控与评估的新技术、新方法。

教学质量监控与评估机制的创新与发展需要一支高素质、专业化的队伍。高校应加强对监控与评估人员的培训和培养，提高他们的专业素养和综合能力。同时，建立健全激励机制，吸引更多优秀人才参与到监控与评估工作中来。

制度的完善是保障教学质量监控与评估机制创新与发展的基础。高校应建立健全相关的规章制度，明确各部门的职责和权限，规范监控与评估工作的流程和要求。同时，加强制度执行情况的监督和检查，确保制度的有效落实。

六、教学质量监控与评估机制在民办高校中的实践

随着民办高校的快速发展，教学质量问题日益受到关注。教学质量监控与评估机制作为保障和提升教学质量的重要手段，在民办高校中发挥着

越来越重要的作用。

（一）教学质量监控与评估机制在民办高校中的重要性

在民办高校中，教学质量是学校发展的生命线，关系到学校的声誉、学生的就业和社会的认可。教学质量监控与评估机制作为对教学质量进行定期检查和评估的体系，对发现教学问题、改进教学方法、提升教学质量具有重要意义。通过监控与评估，可以及时发现教学中的不足和短板，为教学改进提供有针对性的建议和方向。

（二）教学质量监控与评估机制在民办高校中的实践现状

大多数民办高校已经建立了较为完善的教学质量监控与评估体系，包括教学检查、教学评估、学生评教等多个环节。这些环节相互衔接，共同构成教学质量监控与评估的完整链条。在监控与评估方法上，民办高校通常采用问卷调查、课堂观察、教学档案查阅等多种方式。这些方法能够较为全面地了解教学情况，收集到大量的数据和信息。

民办高校普遍重视监控与评估结果的反馈及应用。评估结果通常会反馈给相关部门和教师，用于指导教学改进。同时，一些高校还会将评估结果与学生的学业成绩、教师的绩效考核等相结合，进一步强化教学质量的重要性。

（三）教学质量监控与评估机制在民办高校中存在的问题

部分民办高校的教学质量监控与评估体系尚不完善，存在环节缺失、指标不明确等问题。这导致监控与评估工作难以全面、准确地反映教学质量。一些民办高校在监控与评估方法上过于简单、粗糙，缺乏科学性和有效性。例如，问卷调查设计不合理、样本选择不具代表性等，都会影响评估结果的准确性和可信度。

虽然民办高校普遍重视监控与评估结果的反馈与应用，但在实际操作中仍存在一些问题。如反馈不及时、应用不充分等，导致评估结果无法有效指导教学改进。

（四）改进教学质量监控与评估机制在民办高校中的措施

民办高校应进一步完善教学质量监控与评估体系，确保各环节紧密相连、指标明确具体。同时，根据学校实际情况和专业特点，制定有针对性的监控与评估方案。民办高校应注重监控与评估方法的科学性和有效性，采用多种方法相结合的方式进行评估。在设计问卷调查时，要确保问题设计合理、样本选择具有代表性；在课堂观察中，要注重观察细节、记录真实情况；在教学档案查阅中，要关注教学过程中的亮点和不足。

民办高校应加强对监控与评估结果的反馈及应用工作，确保结果能够及时、准确地反馈给相关部门和教师。同时，要注重结果的深入分析和挖掘，为教学改进提供有针对性的建议和方向。此外，还可以将评估结果与学生的学业成绩、教师的绩效考核等相结合，形成激励机制，促进教学质量的持续提升。

第四节　教学质量持续改进的策略

一、教学质量持续改进的理念与目标

随着社会的不断发展和教育改革的深入，教学质量成为高等教育领域中备受关注的重要议题。持续改进教学质量，不仅是高校发展的内在需求，也是提高人才培养质量、推动社会进步的必然要求。

（一）教学质量持续改进的理念

教学质量持续改进的理念是指在教育教学过程中，通过不断地发现问题、分析问题、解决问题，实现教学质量的持续提升。这一理念强调教学质量是一个动态发展的过程，需要不断地进行反思、创新和完善。具体而言，教学质量持续改进的理念包含以下几个方面：

教学质量持续改进的核心理念是以学生为中心。学生是教育的主体，是教学质量的直接受益者。因此，持续改进教学质量必须始终关注学生的需求和发展，以学生的全面发展为目标，不断优化教学内容、方法和手段，提高教学效果。教学质量持续改进不仅关注教学结果的优化，还要注重教学过程的管理与改进。通过建立健全的教学质量监控与评估机制，及时发现问题并采取有效措施加以解决，确保教学过程的顺利进行和教学质量的稳步提升。

教学质量持续改进需要全体教师的共同努力和协作。教师作为教学质量的直接责任人，应积极参与教学质量改进工作，相互学习、相互借鉴、共同进步。同时，学校应营造良好的教学质量改进氛围，鼓励教师创新教学方法、分享教学经验，形成教学质量改进的合力。教学质量持续改进的目标是追求卓越与创新。在教学过程中，教师应不断追求更高的教学质量标准，勇于创新教学方法和手段，探索适应新时代人才培养需求的教学模式。同时，学校应加大对教学质量改进工作的投入力度，为教师提供必要的支持和保障，推动教学质量持续改进工作的深入开展。

（二）教学质量持续改进的目标

教学质量持续改进的目标是推动教学质量的全面提升，培养更多优秀人才，以满足社会的需求和发展。教学效果是衡量教学质量的重要指标之一。通过持续改进教学质量，旨在提高学生的学习效果，使学生在知识、技能、情感态度等方面得到全面发展。这要求教师在教学过程中注重激发学生的学习兴趣和积极性，采用多样化的教学方法和手段，提高课堂教学的吸引力和实效性。

课程设置和教学内容是教学质量的核心要素。持续改进教学质量需要不断优化课程设置，使之更加符合人才培养的目标和需求。同时，要根据学科发展趋势和社会需求变化，及时更新教学内容，确保教学内容的先进性和实用性。

教师是教学质量改进的关键因素。持续改进教学质量需要加强师资队伍建设，提高教师的专业素养和教学能力。这包括加强教师的职前培训、在职教育和教学研究等工作，提升教师的教育理念、教学方法和教学技能，打造一支高素质、专业化的教师队伍。

教学质量监控与评估机制是保障教学质量持续改进的重要手段。通过完善教学质量监控与评估机制，可以及时发现教学中存在的问题和不足，为教学质量改进提供科学依据和决策支持。同时，通过定期的教学评估和反馈机制，可以激励教师积极参与教学质量改进工作，形成教学质量持续提升的良性循环。

（三）实现教学质量持续改进的途径

实现教学质量持续改进需要多方面的努力和支持。学校应建立完善的教学质量管理体系，包括教学质量标准、教学质量监控、教学质量评估等方面。通过制定明确的教学质量标准和要求，规范教师的教学行为和教学过程；通过加强教学质量监控和评估，及时发现和解决教学中存在的问题和不足。

教师应不断提升自己的专业素养和教学能力，以适应新时代人才培养的需求。学校应加强对教师的培训和交流工作，为教师提供必要的支持和帮助。通过组织教师参加学术研讨会、教学观摩等活动，促进教师之间的经验分享和相互学习。

学生是教学质量改进的重要参与者和受益者。学校应鼓励学生积极参与教学质量改进工作，提出宝贵的意见和建议。同时，教师也应尊重学生的需求和意见，及时调整教学方法和手段，以更好地满足学生的学习需求。

学校应加强与社会的联系与合作，了解社会对人才的需求和变化。通过与企业和行业的合作，了解最新的技术和发展趋势，及时调整教学内容和课程设置，使之更加符合社会的需求和发展。

二、教学质量持续改进的方法与手段

教学质量持续改进是高等教育发展的永恒主题，它要求教育者不断探索新的教学方法和手段，以适应时代发展的需要，培养出更多具有创新精神和实践能力的人才。

（一）教学质量持续改进的方法

建立完善的教学质量监控体系是实现教学质量持续改进的基础。这一体系应包括教学目标设定、教学过程监控、教学效果评估以及反馈与改进等多个环节。通过定期的教学检查、学生评教、同行评议等方式，全面收集教学信息，及时发现问题，为改进提供依据。教学反思是教师对自身教学行为进行深入思考的过程，有助于发现教学中的问题，提出改进措施。教师应定期对自己的教学进行反思与总结，分析教学中的成功与不足，总结经验教训，为下一阶段的教学提供借鉴。

教学研究是提升教学质量的重要途径。教师应积极参与教学研究活动，探索新的教学方法和手段，创新教学模式，提高教学效果。同时，学校应加大对教学研究的投入力度，为教师提供必要的研究条件和支持。教师是教学质量持续改进的关键力量。学校应制订教师发展计划，明确教师职业发展的目标和路径，为教师提供培训、进修、学术交流等机会，提升教师的专业素养和教学能力。

（二）教学质量持续改进的手段

多元化教学方法是提升教学质量的重要手段。教师应根据学生的特点和需求，灵活运用讲授、讨论、案例分析、实践操作等多种教学方法，激发学生的学习兴趣和积极性，提高教学效果。现代教学技术为教学质量改进提供了有力支持。教师应积极利用多媒体、网络、在线课程等现代教学技术，丰富教学内容，拓展教学空间，提高教学的互动性和实效性。

实践教学是培养学生实践能力和创新精神的重要途径。学校应加大实践教学环节的投入力度，完善实践教学体系，为学生提供更多的实践机会和平台。同时，教师应将理论教学与实践教学相结合，引导学生将理论知识应用于实际问题中，培养学生的综合素质。良好的师生互动关系是提高教学质量的重要保障。教师应尊重学生的个性差异，关注学生的成长需求，积极与学生沟通交流，建立和谐的师生关系。通过了解学生的想法和反馈，教师可以及时调整教学策略，提高教学的更具针对性和实效性。

开展教学质量评价与激励是促进教学质量持续改进的有效手段。学校应建立完善的教学质量评价体系，对教师的教学质量进行客观、公正的评价。同时，通过设立教学奖励、职称晋升等激励机制，激发教师投入教学工作的热情和积极性。

（三）实施教学质量持续改进的注意事项

教学质量持续改进的方法与手段应注重实效性与可操作性。教师在选择教学方法和手段时，应充分考虑学生的实际情况和教学需求，确保改进措施能够真正落地并取得实效。教学质量持续改进是一个长期而复杂的过程，需要教育者保持持续改进的意识和创新精神。教师应不断探索新的教学方法和手段，适应时代发展的需要，推动教学质量的持续提升。

教学质量持续改进需要全体教师的共同努力和协作。教师应加强团队协作与交流，分享教学经验和方法，共同解决教学中遇到的问题，形成教学质量改进的合力。

三、教学质量持续改进的组织与实施

随着社会的不断进步和教育的深入发展，教学质量已成为高等教育领域的核心议题。持续改进教学质量不仅是教育机构提升竞争力的关键，也是培养高素质人才、服务社会的重要保障。

（一）教学质量持续改进的组织架构

教学质量改进领导小组是教学质量持续改进工作的核心组织，负责制订教学质量改进计划、监督实施过程、评估改进效果等。领导小组应由学校高层领导、教学管理部门负责人以及各院系教学骨干组成，确保改进工作的全面性和权威性。教学质量监控与评价中心是教学质量持续改进的重要支撑机构，负责收集、分析、反馈教学质量信息，为改进工作提供科学依据。该中心应具备独立性和专业性，能够客观、公正地评价教学质量，提出有针对性的改进建议。

各院系应成立教学质量改进小组，负责本院系教学质量改进工作的具体实施。小组应由院系领导、教学秘书、教研室主任，以及一线教师组成，确保改进工作能够深入基层、贴近实际。

（二）教学质量持续改进的实施策略

明确的目标是教学质量改进工作的前提和基础。学校应根据自身定位和发展需求，制定具有针对性、可操作性的教学质量改进目标。目标应涵盖课程设置、教学方法、师资队伍、实践教学等多个方面，确保改进工作的全面性和系统性。

教学质量监控与评估是发现问题、分析问题、解决问题的关键环节。学校应建立完善的教学质量监控与评估体系，包括课堂教学评价、学生满意度调查、毕业生质量跟踪等多个维度。通过定期收集和分析数据，及时发现问题并采取有效措施加以改进。先进的教学理念和方法是提高教学质量的重要手段。学校应积极推广启发式、讨论式、案例式等教学方法，引导学生主动参与、积极思考、勇于创新。同时，加强与国际先进教育理念的交流与合作，不断提升教学水平和质量。

优秀的师资队伍是教学质量持续改进的保障。学校应加大对师资队伍建设的投入力度，提高教师的专业素养和教学能力。通过引进优秀人才、加强教师培训、建立激励机制等措施，打造一支结构合理、素质优良的教师队伍。教学资源的合理配置是提高教学质量的重要条件。学校应根据教学需求，优化教学设施、图书资料、实验设备等资源的配置。同时，加强信息化建设，提高教学资源的共享性和利用率，为教学质量改进提供有力支持。

（三）教学质量持续改进的实施保障

教学管理制度是教学质量持续改进的重要保障。学校应制定完善的教学管理制度，明确教学工作的职责和要求，规范教学行为。同时，加大制度执行力度，确保各项制度能够得到有效落实。教学质量文化是推动教学质量持续改进的重要力量。学校应注重培养师生的质量意识和质量责任感，形成追求卓越、持续改进的教学质量文化氛围。通过举办教学质量论坛、开展教学质量宣传等活动，增强师生的质量意识和参与意识。

激励机制是激发教师参与教学质量改进工作的重要手段。学校应建立教学质量改进激励机制，对在教学质量改进工作中取得显著成绩的教师给予表彰和奖励。同时，将教学质量改进成果作为教师职称晋升、岗位聘任等的重要依据，激发教师参与改进工作的积极性和主动性。

四、教学质量持续改进的成效评估与反馈

教学质量持续改进是高等教育领域永恒的追求，其最终目的在于不断提升教学质量，培养出更多符合社会需求的高素质人才。成效评估与反馈作为持续改进过程中的重要环节，对确保改进工作的有效性、促进教学质量的稳步提升具有至关重要的意义。

（一）教学质量持续改进的成效评估

评估标准是衡量教学质量改进成效的重要依据。在制定评估标准时，应充分考虑教学目标的达成度、学生满意度的提升、教学方法的创新性、实践教学的有效性等多个维度。同时，标准应具有可操作性和可量化性，以便对教学质量改进的成果进行客观、准确的评估。

评估方法的选择对确保评估结果的准确性和有效性至关重要。常用的评估方法包括问卷调查、访谈、课堂观察、学生作业分析等。这些方法可以相互补充，从多个角度全面反映教学质量改进的成效。例如，通过问卷调查，可以了解学生对教学质量的满意度和意见建议；通过课堂观察，可以直观地了解教师的教学方法和学生的学习状态；通过学生作业分析，可以评估学生对知识的掌握程度和创新能力。

评估数据的收集与分析是评估工作的关键环节。在收集数据时，应确保数据的真实性和完整性，避免主观臆断和偏见的影响。同时，应对数据进行科学的分析，提炼出有价值的信息，为改进工作提供有力的支持。在分析数据时，可以运用统计分析、比较分析等方法，对教学质量改进的成效进行深入挖掘和解读。

（二）教学质量持续改进的反馈机制

反馈信息的来源主要包括学生、教师、同行专家以及教学管理部门等。这些群体从不同角度对教学质量改进工作提出意见和建议，为改进工作提供了宝贵的参考。在收集反馈信息时，应建立畅通的沟通渠道，鼓励各方积极参与，确保信息的全面性和真实性。

处理反馈信息时，应对信息进行分类、整理和分析，提炼出有价值的

建议和改进措施。同时，应将反馈信息与教学质量改进的目标相结合，明确改进方向和重点。在运用反馈信息时，应注重实效性和可操作性，确保改进措施能够真正落地并取得实效。

将反馈结果及时通报给相关单位和个人，对激发其参与教学质量改进工作的积极性具有重要意义。在通报时，应客观、公正地评价各单位和个人的工作成果，肯定成绩、指出不足，并提出具体的改进要求。同时，应建立激励机制，对在教学质量改进工作中表现突出的单位和个人给予表彰和奖励，以激发其更大的工作热情和创新精神。

（三）成效评估与反馈在教学质量持续改进中的作用

通过成效评估与反馈，可以及时发现教学质量改进工作中存在的问题和不足，为改进工作提供有针对性的建议和方向。同时，评估与反馈的结果可以作为改进工作的重要依据，推动教学质量的稳步提升。成效评估与反馈可以让教师及时了解自己的教学水平和存在的问题，激发其参与教学质量改进工作的积极性主动性。通过反馈结果的通报和激励，可以进一步激发教师的创新精神和工作热情，推动教学质量的持续改进。

教学质量改进的最终目的是提高学生的学习效果和满意度。通过成效评估与反馈，可以及时了解学生对教学质量的意见和建议，为改进工作提供重要的参考。同时，反馈结果的积极运用可以推动教学质量的提升，增强学生的学习获得感和满意度。

五、教学质量持续改进的激励机制建设

教学质量持续改进是高等教育领域的核心任务，它涉及教学方法、课程内容、教学资源等多个方面的不断优化与更新。在这一过程中，激励机制的建设显得尤为重要，它能够有效激发教师和教学管理人员的积极性与创新精神，推动教学质量的持续提升。

（一）激励机制建设的重要性

激励机制是教学质量持续改进的动力源泉。通过合理的激励机制，可以激发教师和教学管理人员的主动性与创造性，使他们更加积极地投入教

学工作中，不断探索新的教学方法和手段，提高教学质量。同时，激励机制还能够增强教师的职业认同感和归属感，提高他们的工作满意度和忠诚度，为学校的长远发展奠定坚实的基础。

（二）激励机制建设的原则

在构建教学质量持续改进的激励机制时，应遵循以下原则：

公平性原则：激励机制应确保公平、公正，避免任何形式的不公平待遇，使每位教师和教学管理人员都能感受到激励的力量。

差异性原则：激励机制应充分考虑不同教师和教学管理人员的个体差异，采用差异化的激励措施，以满足他们的不同需求。

可持续性原则：激励机制应具有可持续性，能够长期发挥作用，为教学质量持续改进提供持久的动力。

（三）激励机制的具体措施

物质激励是激励机制的重要组成部分，它可以通过提供优厚的薪酬、奖金、津贴等物质待遇，激发教师和教学管理人员的工作积极性。学校可以设立教学质量优秀奖、教学创新奖等奖项，对在教学工作中表现突出的教师给予表彰和奖励。同时，还可以根据教师的职称、工作量、教学效果等因素，制定合理的薪酬体系，确保教师的劳动成果得到应有的回报。

精神激励是激励机制的另一重要方面，它可以通过荣誉、尊重、信任等精神层面的满足，激发教师和教学管理人员的职业荣誉感和使命感。学校可以定期举办教学成果展示、教学经验交流等活动，为教师提供展示自己教学成果的平台，增强他们的自信心和成就感。同时，还可以通过校领导走访教学一线、听取教师意见等方式，表达对教师工作的关心和尊重，增强他们的归属感和忠诚度。

发展激励是通过为教师提供职业发展机会和平台，激发他们的进取心和创新能力。学校可以制订完善的教师培训计划，提供多样化的培训和学习资源，帮助教师提升专业素养和教学能力。同时，还可以建立职称晋升、岗位聘任等与教师教学质量紧密相关的制度，使教师看到自己在职业发展上的希望和前景，从而更加积极地投入教学工作中。

竞争激励是通过引入竞争机制，激发教师和教学管理人员的竞争意识和创新能力。学校可以定期组织教学竞赛、教学观摩等活动，为教师提供展示自己教学水平的舞台，同时也可以通过这些活动发现优秀的教学案例和教学方法，为全校教师提供学习和借鉴的机会。此外，还可以建立教学质量评价体系，对教师的教学质量进行客观、公正的评价，并将评价结果与教师的晋升、薪酬等挂钩，形成有效的竞争压力。

（四）激励机制的保障措施

为了确保激励机制的有效实施，还需要采取以下保障措施：

加强组织领导：学校应成立专门的激励机制建设领导小组，负责统筹规划和组织实施激励机制建设工作，确保各项激励措施能够得到有效落实。

完善制度建设：学校应建立健全与激励机制相关的各项规章制度，明确激励的对象、标准、程序等，确保激励机制的公平、公正和透明。

强化监督评估：学校应建立激励机制的监督评估机制，定期对激励机制的实施情况进行检查和评估，及时发现问题并进行改进，确保激励机制能够持续发挥作用。

六、教学质量持续改进的长效机制构建

教学质量作为高等教育的核心要素，其持续改进是确保教育质量的稳定性和不断提升的关键。长效机制的构建，旨在通过制度化、规范化的方式，为教学质量的持续改进提供稳定的支撑和保障。

（一）教学质量持续改进的重要性

教学质量是高等教育的生命线，它直接关系到学生的知识获取、能力培养以及未来的职业发展。随着社会的快速发展和知识的不断更新，教学质量必须与时俱进，不断适应新的教育需求和社会挑战。因此，构建教学质量持续改进的长效机制，对提升教育质量、培养高素质人才具有重要意义。

（二）长效机制构建的原则

系统性原则：长效机制应涵盖教学质量的各个方面，包括课程设置、

教学方法、师资力量、教学资源等，形成一个完整的系统。

持续性原则：长效机制应具有持续性，能够长期发挥作用，为教学质量的持续改进提供稳定的支撑。

动态性原则：长效机制应能够适应教育环境的变化和新的挑战，不断调整和优化，保持与时俱进。

有效性原则：长效机制应能够真正促进教学质量的提升，确保教育目标的实现。

（三）长效机制构建的具体策略

建立健全教学质量管理制度是构建长效机制的基础。学校应制定详细的教学质量管理办法，明确教学质量的标准和要求，规范教学过程中的各个环节。同时，建立教学质量监控体系，定期对教学质量进行评估和反馈，确保教学质量的稳定提升。

优秀的师资队伍是教学质量持续改进的关键。学校应加大对教师的培训和引进力度，提升教师的专业素养和教学能力。同时，建立激励机制，鼓励教师积极参与教学改革和创新，提高教学质量。教学资源是教学质量改进的重要保障。学校应加大对教学资源的投入，优化资源配置，确保教学设施、教材、实验设备等满足教学需求。同时，加强教学资源的共享和利用，提高资源利用效率。

教学方法的改革是教学质量改进的重要途径。学校应鼓励教师探索新的教学方法和手段，如混合式教学、翻转课堂等，激发学生的学习兴趣和积极性。同时，加强教学方法的培训和交流，提升教师的教学水平。建立有效的教学质量反馈机制是长效机制的重要组成部分。学校应定期收集学生、教师和社会对教学质量的反馈意见，及时分析并做出相应调整。同时，建立教学质量信息公开制度，让师生和社会了解教学质量情况，促进教学质量的持续改进。

（四）长效机制的实施保障

学校应成立专门的教学质量改进领导小组，负责统筹规划和组织实施教学质量改进工作。领导小组应定期召开会议，研究解决教学质量改进中的重大问题，确保长效机制的有效实施。学校应制定相关政策，为教学质量改进提供有力支持。例如，设立教学质量改进专项资金，用于支持教学改革和创新项目；制定教师职称晋升和奖励制度，激励教师积极参与教学质量改进工作。

学校应加强对教学质量改进工作的宣传引导，提高师生对教学质量改进的认识和重视程度。通过举办讲座、研讨会等活动，普及教学质量改进的理念和方法，营造良好的教学氛围。

学校应建立教学质量改进的评估与监督机制，定期对教学质量改进工作进行评估和检查。通过评估结果的反馈和整改，不断完善教学质量改进的长效机制，确保其持续发挥作用。

第九章　民办高校内部控制评价与优化

第一节　内部控制评价的目的与原则

一、内部控制评价的重要性与意义

在当今社会，随着教育体制的不断改革与发展，民办高校作为高等教育的重要组成部分，其运营与管理面临着日益复杂的环境和挑战。内部控制作为民办高校管理的重要手段，对保障学校运营的稳健性、提升管理效率、防范风险等方面具有不可忽视的作用。因此，对民办高校进行内部控制评价显得尤为重要，其重要性与意义主要体现在以下几个方面。

（一）保障学校资产安全完整

民办高校的资产是其运营和发展的物质基础，资产的安全完整直接关系到学校的稳定与发展。通过内部控制评价，可以对学校的资产管理情况进行全面检查，发现资产管理中的漏洞和不足，从而采取有效措施加以改进。这有助于防止资产的流失和浪费，确保学校资产的安全完整，为学校的持续发展提供有力保障。

（二）提高学校管理效率

通过对学校内部管理制度和流程的梳理和分析，内部控制评价可以发现管理中的瓶颈和问题，进而提出优化建议。这有助于学校改进管理流程，提高管理效率，使学校的运营更加顺畅高效。同时，内部控制评价还可以促进学校各部门之间的沟通与协作，形成合力，共同推动学校的发展。

（三）防范学校运营风险

民办高校的运营过程中面临着多种风险，如财务风险、法律风险、声誉风险等。内部控制评价可以帮助学校识别和分析这些风险，评估风险的潜在影响，从而制定相应的风险应对措施。这有助于学校及时防范和化解风险，确保学校的稳健运营。

（四）推动学校治理现代化

内部控制评价是现代学校管理的重要组成部分，它体现了学校治理的规范化和科学化。通过内部控制评价，可以推动学校治理体系的完善，提升学校治理能力和水平。同时，内部控制评价还可以促进学校决策的科学化和民主化，增强学校的透明度和公信力，提升学校的整体形象。

（五）促进学校可持续发展

内部控制评价不仅关注学校当前的运营状况，还着眼于学校的长远发展。通过对学校内部控制体系的全面评估，可以发现影响学校可持续发展的潜在问题，从而制定出有针对性的改进措施。这有助于学校建立健全的内部控制机制，为学校的可持续发展奠定坚实基础。

（六）提升学校教职工的内部控制意识

内部控制评价的过程实际上是一次内部控制知识的普及和教育过程。通过评价，可以使学校教职工更加深入地了解内部控制的重要性，增强他们的内部控制意识。教职工在日常工作中会更加注重遵守内部控制规定，执行内部控制流程，从而营造出一种良好的内部控制氛围。

（七）增强学校的市场竞争力

在日益激烈的市场竞争中，民办高校要想立足并不断发展壮大，必须不断提升自身的综合实力和管理水平。作为一种有效的管理工具，内部控制评价可以帮助学校发现自身的不足和优势，明确改进方向和目标。通过不断完善内部控制体系，提升管理效率和质量，学校可以在市场竞争中占据有利地位，吸引更多的优质生源和资源。

（八）为政府监管提供有力支持

政府对民办高校的监管是其履行职责的重要方面。内部控制评价可以为政府监管提供有力的支持。通过评价结果的反馈和公开，政府可以更加清晰地了解民办高校的运营状况和内部控制水平，从而有针对性地制定监管政策和措施。这有助于保障民办高校的规范运营和健康发展，维护教育市场的稳定秩序。

二、内部控制评价的目的与任务

随着我国教育事业的不断发展，民办高校作为高等教育体系的重要组成部分，其运营和管理的规范性与有效性日益受到社会的关注。内部控制评价作为提升学校管理水平和风险防范能力的重要手段，对保障民办高校的稳健运营和可持续发展具有重要意义。

（一）民办高校内部控制评价的目的

内部控制评价的首要目的在于帮助民办高校识别和评估运营过程中可能面临的各种风险，包括财务风险、法律风险、声誉风险等。通过评价，可以及时发现内部控制的缺陷和不足，从而有针对性地加强风险防控措施，确保学校的稳健运营。内部控制评价有助于民办高校梳理和优化管理流程，消除冗余和低效环节，提升管理效率。通过评价，可以发现管理过程中的瓶颈和问题，提出改进建议，推动学校管理体系的不断完善。

内部控制评价是推动民办高校规范发展的重要手段。通过评价，可以促使学校建立健全内部控制制度，规范内部管理行为，确保学校运营符合相关法律法规和政策要求，为学校的长远发展奠定坚实基础。内部控制评价结果的公开和透明，有助于增强社会对民办高校的信任度。通过评价，可以向外界展示学校内部控制的健全性和有效性，提升学校的形象和声誉，为学校的招生、合作等提供有力支持。

（二）民办高校内部控制评价的任务

民办高校内部控制评价的首要任务是建立一套完善的评价体系。这包括确定评价的原则、标准、程序和方法，确保评价工作的科学性和公正性。同时，评价体系还应根据学校的实际情况进行动态调整和优化，以适应不断变化的内外部环境。评价工作需要对民办高校的内部控制流程进行全面梳理。这包括识别关键控制点、分析控制活动的有效性、评估信息与沟通的顺畅性等。通过梳理，可以发现内部控制中的漏洞和不足，为后续的改进工作提供依据。

风险评估是内部控制评价的核心环节。评价人员需要运用专业的风险评估工具和方法，对民办高校面临的各类风险进行识别和评估。这包括分析风险的来源、影响程度和可能性，确定风险等级和优先处理顺序，为风险防控措施的制定提供依据。在全面梳理和深入评估的基础上，评价人员需要针对发现的问题和不足，提出具体的改进建议。这些建议应围绕加强内部控制、优化管理流程、提升风险防范能力等方面展开，旨在帮助民办高校完善内部控制体系，提升管理水平。

评价工作最终目的是推动民办高校的改进和发展。因此，评价人员还需要对提出的改进建议进行跟踪监督，确保改进措施得到有效落实。这包括定期检查改进进度、评估改进效果、提供进一步的指导和支持等。除了具体的评价任务，民办高校内部控制评价还应致力于推动内部控制文化的建设。通过宣传内部控制的重要性和意义，增强教职工的内部控制意识，营造良好的内部控制氛围。同时，还应加强内部控制培训和教育，提升教职工的内部控制能力和水平。

三、内部控制评价的基本原则

随着教育行业的快速发展，民办高校作为高等教育体系的重要组成部分，其内部控制的健全与否直接关系到学校的稳定运营和长远发展。内部控制评价作为衡量内部控制有效性的重要手段，其开展应遵循一系列基本原则，以确保评价工作的科学性、公正性和有效性。

（一）客观性原则

客观性原则是内部控制评价的首要原则。在进行内部控制评价时，评价人员应秉持客观公正的态度，以事实为依据，避免主观臆断和个人偏见的干扰。评价工作应基于真实、准确的数据和信息，通过科学的评价方法和手段，对内部控制的实际情况进行全面、客观的评估。同时，评价结果应真实反映内部控制的实际情况，为改进内部控制提供有价值的参考。

（二）全面性原则

全面性原则要求内部控制评价应涵盖学校的所有业务和活动，确保评价范围的广泛性和完整性。评价人员应对学校的内部控制体系进行全面梳理和分析，包括各项内部控制制度的建立和执行情况、内部控制流程的设计和实施效果等。只有全面评价，才能发现内部控制中的漏洞和不足，为改进内部控制的执行提供全面的指导。

（三）重要性原则

重要性原则强调在内部控制评价中应突出重点，关注关键业务和重要环节。评价人员应根据学校的业务特点和风险状况，确定评价的重点领域和关键环节，对这些领域和环节进行深入细致的评价。通过关注重要性和关键性，可以更加有效地发现内部控制中的主要问题和风险点，为改进内部控制提供有针对性的建议。

（四）风险导向原则

风险导向原则是内部控制评价的核心原则之一。评价人员应以风险为导向，关注学校运营过程中可能面临的各种风险，包括财务风险、法律风险、声誉风险等。通过识别和分析风险，评估风险的潜在影响和可能性，确定风险等级和优先处理顺序。在评价过程中，应重点关注高风险领域和环节，提出有效的风险防控措施和改进建议，确保学校运营的稳健性和安全性。

（五）动态性原则

动态性原则意味着内部控制评价应是一个持续的过程，而非一次性的活动。随着学校业务的发展和外部环境的变化，内部控制体系也需要不断调整和完善。因此，评价人员应定期对内部控制进行评价，及时发现和解决新的问题与风险。同时，评价工作还应与学校的发展战略和目标相结合，为学校的持续发展提供有力的内部控制保障。

（六）成本效益原则

成本效益原则要求在进行内部控制评价时，应充分考虑评价工作的成本和效益。评价人员应在保证评价质量的前提下，合理控制评价工作的成本，避免不必要的浪费。同时，评价工作还应注重实效，确保评价结果能够为改进内部控制的执行提供有价值的参考，实现评价工作的最大效益。

（七）沟通与协作原则

沟通与协作原则强调在内部控制评价过程中，评价人员与学校管理层、各部门以及教职工之间应保持良好的沟通与协作。评价人员应积极向相关人员解释评价的目的、方法和程序，收集他们的意见和建议。同时，学校管理层和各部门也应积极配合评价工作，提供必要的支持和协助。通过有效的沟通与协作，可以确保评价工作的顺利进行，提高评价结果的准确性和有效性。

（八）持续改进原则

内部控制评价并非一次性任务，而是一个持续改进的过程。因此，持续改进原则强调在评价工作完成后，学校应根据评价结果及时采取改进措施，优化内部控制流程，提升内部控制水平。同时，学校还应建立内部控制评价的长效机制，定期对内部控制进行再评价和再优化，确保内部控制体系始终与学校的发展需求相适应。

四、内部控制评价的国际标准与最佳实践

随着全球化进程的加速，国际交流与合作在民办高等教育领域日益频繁。在这一背景下，借鉴国际先进经验，遵循国际标准，对提升我国民办高校内部控制评价水平具有重要意义。

（一）国际标准概述

在国际上，内部控制评价的标准主要由一系列权威机构制定和发布，如国际内部控制协会（COSO）等。这些标准通常包括内部控制的定义、目标、原则、要素以及评价方法等，为各国企业和组织开展内部控制评价提供了基本框架与指导。

在民办高校领域，虽然专门针对这一领域的国际标准相对较少，但一些通用的内部控制评价标准和原则同样适用。例如，COSO框架中的五要素（控制环境、风险评估、控制活动、信息与沟通、监控）为民办高校内部控制评价提供了重要的参考依据。

（二）最佳实践分析

国际最佳实践强调在内部控制评价过程中应明确评价目标与范围。民办高校应根据自身实际情况，确定评价的重点领域和关键环节，确保评价工作更具针对性和实效性。同时，评价范围应涵盖学校的所有业务和活动，确保内部控制体系的完整性和有效性。风险评估是内部控制评价的核心环节。国际最佳实践要求民办高校在评价过程中充分识别和评估各类风险，包括财务风险、法律风险、声誉风险等。通过制定风险应对措施和建立风险预警机制，实现对风险的有效防控和管理。

针对内部控制流程和制度方面的问题，国际最佳实践提倡民办高校进行持续优化和改进。通过梳理和分析现有内部控制流程，发现其中的瓶颈和不足，进而提出改进建议。同时，建立健全内部控制制度，确保各项业务的规范运作和合规性。信息与沟通是内部控制评价的重要支撑。国际最佳实践强调民办高校应建立健全信息与沟通机制，确保内部控制信息的及时传递和有效沟通。通过加强内部信息化建设，提高信息处理的效率和

准确性；同时，建立畅通的沟通渠道，促进学校内部各部门之间的协作与配合。

评价结果的运用和持续改进是内部控制评价工作的重要环节。国际最佳实践要求民办高校充分重视评价结果的运用，将评价结果作为改进内部控制的重要依据。同时，建立内部控制评价的长效机制，定期对内部控制进行再评价和再优化，确保内部控制体系的持续改进和完善。

（三）我国民办高校内部控制评价的现状与改进方向

虽然我国民办高校在内部控制评价方面取得了一定进展，但与国际标准和最佳实践相比仍存在一定差距。主要表现在评价标准不够统一、评价方法不够科学、评价结果运用不够充分等方面。因此，我国民办高校应借鉴国际先进经验，从以下几个方面进行改进：

借鉴国际标准，结合我国民办高校实际情况，制定统一的内部控制评价标准体系。明确评价的原则、方法、程序和要求，确保评价工作的规范性和有效性。采用定性与定量相结合的评价方法，综合运用问卷调查、访谈、数据分析等多种手段，提高评价结果的准确性和客观性。同时，注重评价结果的量化表达，便于学校管理层进行决策和改进。

建立评价结果运用与反馈机制，确保评价结果能够及时、准确地反馈到学校管理层和相关部门。根据评价结果制定有针对性的改进措施，推动内部控制体系的不断完善和优化。加强内部控制评价人才的培养和引进，提高评价人员的专业素养和业务能力。通过定期培训和交流学习，不断提升评价团队的整体水平，为内部控制评价工作的顺利开展提供有力保障。

五、内部控制评价在民办高校中的实践意义

随着我国民办高校的不断发展与壮大，其在学校运营、教学质量提升、科研水平进步以及社会服务能力提高等方面取得了显著成就。然而，与此同时，民办高校也面临着日益复杂和严峻的内部管理挑战。在这一背景下，内部控制评价作为提升民办高校内部管理水平和风险防范能力的重要手段，其实践意义愈发凸显。

（一）促进民办高校内部管理的规范化和制度化

内部控制评价通过对民办高校的各项管理制度和流程进行全面梳理及评估，能够发现其中存在的问题和不足，进而提出改进意见和建议。这一过程有助于推动民办高校内部管理的规范化和制度化，确保学校各项工作的有序开展。同时，内部控制评价还能够促进民办高校内部各部门之间的沟通与协作，形成合力，共同推动学校的发展。

（二）提升民办高校的风险防范能力

民办高校在运营过程中面临着多种风险，如财务风险、法律风险、声誉风险等。内部控制评价能够帮助学校全面识别和评估这些风险，进而制定有效的风险防控措施。通过加强内部控制，民办高校可以及时发现并纠正运营中的偏差和漏洞，防止潜在风险的发生和扩大，确保学校的稳健运营。

（三）保障民办高校资产的安全和完整

资产安全是民办高校运营的重要基础。内部控制评价通过对学校资产管理制度和流程的评估，能够发现资产管理中的薄弱环节和潜在风险，进而提出改进措施。这有助于确保学校资产的安全和完整，防止资产的流失和浪费。同时，内部控制评价还能够促进民办高校资产的合理利用和高效配置，提升学校的经济效益和社会效益。

（四）推动民办高校教学质量的提升

教学质量是民办高校的生命线。内部控制评价通过对学校教学管理制度和流程的评估，能够发现教学管理中存在的问题和不足，进而提出改进建议。这有助于推动民办高校教学质量的提升，确保教学工作的规范性和有效性。同时，内部控制评价还能够促进民办高校教学资源的优化配置和合理利用，提升教学水平和效果。

（五）增强民办高校的社会信誉和提升竞争力

内部控制评价不仅关注学校内部管理的规范性和风险防范能力，还注重学校的社会形象和声誉。通过内部控制评价，民办高校可以展示其良好的治理结构和内部控制体系，向社会传递出学校稳健、规范、高效的运营形象。这有助于增强民办高校的社会信誉和认可度，提升学校在招生、科研、社会服务等方面的竞争力。

（六）促进民办高校的可持续发展

作为一种长期的管理工具，内部控制评价能够帮助民办高校在运营过程中不断调整和优化内部管理制度和流程，以适应外部环境的变化和内部需求的发展。通过持续改进和完善内部控制体系，民办高校可以确保其运营的稳健性和可持续性，为学校的长远发展奠定坚实基础。

第二节　内部控制评价的方法与流程

一、内部控制评价的方法选择

随着民办高校的不断发展，内部控制作为保障学校稳健运营和持续发展的重要手段，逐渐受到越来越多的关注。内部控制评价作为衡量内部控制有效性的关键环节，其方法选择直接关系到评价结果的准确性和有效性。

（一）内部控制评价方法的分类与特点

内部控制评价方法主要包括定性评价法和定量评价法两大类。定性评价法主要通过观察、访谈、问卷调查等手段，对内部控制的实际情况进行描述和分析，评价其合理性和有效性。定量评价法则主要运用数学模型、统计分析等方法，对内部控制的相关数据进行量化处理，从而得出评价结果。

定性评价法的优点在于能够深入了解内部控制的实际情况，发现其中的问题和不足，但其缺点在于评价结果容易受到主观因素的影响，且难以进行精确的比较和量化分析。定量评价法则能够客观、准确地反映内部控制的实际情况，便于进行横向和纵向的比较分析，其缺点在于可能忽略一些非量化因素，导致评价结果的片面性。

（二）民办高校内部控制评价方法的选择原则

在选择内部控制评价方法时，民办高校应遵循以下原则：

适用性原则：选择的方法应适应民办高校的实际情况和特点，能够全面、准确地反映内部控制的实际情况。

可操作性原则：选择的方法应具有可操作性，便于评价人员在实际操作中运用。

综合性原则：应结合定性评价法和定量评价法的优点，综合运用多种方法进行评价，以确保评价结果的全面性和准确性。

（三）民办高校内部控制评价方法的具体选择

根据民办高校的实际情况和特点，以下是一些具体的内部控制评价方法选择建议：

风险基础评价法：该方法以风险为导向，通过对学校运营过程中可能面临的各种风险进行识别和评估，确定内部控制的重点领域和关键环节。然后针对这些领域和环节进行深入的评价与分析，提出相应的改进建议。这种方法适用于风险意识较强、注重风险防范的民办高校。

流程基础评价法：该方法以内部控制流程为基础，通过对学校各项业务流程的梳理和分析，发现其中的问题和不足。然后针对这些问题提出改进措施，优化内部控制流程。这种方法适用于业务流程相对固定、注重流程管理的民办高校。

绩效基础评价法：该方法以内部控制绩效为评价依据，通过设定明确的绩效指标和标准，对学校内部控制的实际情况进行量化评估。然后根据评估结果对内部控制体系进行调整与优化。这种方法适用于注重绩效管理和量化评估的民办高校。

综合评价法：该方法综合运用多种评价方法，结合定性和定量分析的优点，对民办高校的内部控制进行全面、系统的评价。通过综合运用问卷调查、访谈、数据分析等手段，深入了解内部控制的实际情况，发现其中的问题和不足，并提出综合性的改进建议。这种方法适用于需要全面、深入地了解内部控制情况的民办高校。

（四）内部控制评价方法选择的注意事项

在选择内部控制评价方法时，民办高校需要注意以下事项：

结合学校实际情况：不同民办高校的内部控制体系存在差异，因此在选择评价方法时应充分考虑学校的实际情况和特点，确保评价方法的适用性和有效性。

注重方法更新：内部控制评价方法和工具随着时间及环境的变化而不断更新与发展。民办高校应关注最新的研究和实践成果，及时更新和调整评价方法，以适应新的需求和挑战。

强化人员培训：内部控制评价工作涉及的专业知识和技能较多，评价人员需要具备一定的专业素养和实践经验。民办高校应加强对评价人员的培训和教育，提高其专业素养和评价能力。

二、内部控制评价的流程设计

随着我国教育体制改革的深入，民办高校作为高等教育体系的重要组成部分，其内部控制体系的建设和完善日益受到关注。内部控制评价作为衡量内部控制有效性的关键手段，对提升民办高校的管理水平和风险防范能力具有重要意义。

（一）内部控制评价流程设计的必要性

内部控制评价流程是评价工作的基础和指导，它规范了评价工作的步骤、方法和要求，确保评价工作的有序进行和结果的准确性。通过科学、合理的流程设计，可以确保评价工作的高效性和有效性，为民办高校的内部控制改进提供有力的支持。

（二）内部控制评价流程设计的原则

在设计内部控制评价流程时，应遵循以下原则：

系统性原则：评价流程应涵盖内部控制的各个方面和环节，形成一个完整的评价体系。

科学性原则：评价流程应基于内部控制的理论和实践，采用科学、合理的方法和工具进行评价。

可操作性原则：评价流程应具有明确的步骤和要求，便于评价人员在实际操作中执行。

灵活性原则：评价流程应具有一定的灵活性，能够根据民办高校的实际情况进行调整和优化。

（三）内部控制评价流程的具体设计

根据内部控制评价的要求和原则，以下是一个可能的内部控制评价流程设计：

1.准备阶段

（1）明确评价目标和范围：根据民办高校的实际情况和需求，明确评价的具体目标和范围，确定评价的重点领域和关键环节。

（2）组建评价团队：选择具有专业知识和实践经验的人员组成评价团队，明确团队成员的职责和任务。

（3）制订评价计划：根据评价目标和范围，制订详细的评价计划，包括评价的时间安排、方法选择、数据收集等。

2.实施阶段

（1）收集资料：通过查阅相关文件、资料，了解民办高校的内部控制体系、制度和流程等基本情况。

（2）开展现场调研：通过访谈、观察等方式，深入了解内部控制的实际运行情况，收集第一手资料。

（3）进行测试和评价：运用定性和定量评价方法，对内部控制的各个方面进行评价和测试，发现其中的问题和不足。

3.分析阶段

（1）整理评价结果：对收集到的数据和信息进行整理和分析，形成评价报告或结论。

（2）分析问题原因：针对评价中发现的问题和不足，进行深入分析，找出问题的根源和原因。

（3）提出改进建议：根据分析结果，提出针对性的改进建议，为民办高校的内部控制优化提供指导。

4.反馈与改进阶段

（1）反馈评价结果：将评价结果和改进建议反馈给民办高校的管理层和相关部门，促进其对内部控制问题的重视和改进。

（2）跟踪改进情况：对改进建议的实施情况进行跟踪和检查，确保改进措施得到有效执行。

（3）持续改进：根据评价结果和反馈情况，对内部控制评价流程进行持续改进和优化，提高评价工作的质量和效率。

（四）内部控制评价流程设计的注意事项

在设计内部控制评价流程时，应注意以下事项：

（1）确保流程的完整性和连贯性，避免出现遗漏或重复的情况。

（2）根据民办高校的实际情况和特点，灵活调整评价流程和方法。

（3）加强对评价人员的培训和管理，提高其专业素养和评价能力。

（4）注重评价结果的应用和反馈，确保评价工作的实际效果。

三、内部控制评价的指标体系构建

随着民办高等教育的快速发展，内部控制在保障学校稳健运营和持续发展中的作用日益凸显。构建科学、合理的内部控制评价指标体系，对准确评估民办高校的内部控制水平、指导内部控制改进具有重要意义。

（一）指标体系构建的原则

在构建民办高校内部控制评价指标体系时，应遵循以下原则：

全面性原则：指标体系应涵盖内部控制的各个方面和环节，确保评价的全面性。

重要性原则：根据内部控制的重要性和风险程度，确定关键指标，突出重点。

可操作性原则：指标应具有明确性、可衡量性和可操作性，便于评价人员在实际操作中运用。

灵活性原则：指标体系应具有一定的灵活性，能够根据民办高校的实际情况进行调整和优化。

（二）指标体系的内容

民办高校内部控制评价指标体系应包括以下几个方面：

控制环境指标：包括学校治理结构、内部控制文化、组织结构设置等，反映学校的内部控制基础和环境。

风险评估指标：涉及风险评估机制的建立、风险识别与评估、风险应对策略等，衡量学校对风险的防范和控制能力。

控制活动指标：包括各项业务流程的控制措施、授权审批制度、会计系统控制等，反映学校内部控制活动的有效性和规范性。

信息与沟通指标：涵盖信息系统的建设、信息传递与沟通机制、信息报告与披露等，评价学校信息与沟通的效率和效果。

内部监督指标：包括内部审计机构的设置、内部审计工作的开展、内部控制自我评价等，体现学校对内部控制的监督和改进能力。

（三）指标权重的分配

在构建指标体系时，需要根据各项指标的重要性和影响力，合理分配权重。权重分配可以采用专家打分法、层次分析法等方法进行。一般来说，对关键指标和重要性较高的指标，应赋予较大的权重；对一般性指标和重要性较低的指标，可赋予较小的权重。通过合理的权重分配，可以确保评价结果的准确性和科学性。

（四）指标体系的实施步骤

明确评价目标和范围：根据民办高校的实际情况和需求，明确评价的具体目标和范围，确定评价的重点领域和关键环节。

设计指标体系：根据指标体系构建的原则和内容，设计具体的评价指标，并明确各指标的含义、计算方法和评价标准。

确定权重和评分标准：采用适当的方法，确定各指标的权重和评分标准，确保评价的公正性和客观性。

收集数据和信息：通过查阅相关资料、开展访谈、观察等方式，收集民办高校内部控制方面的数据和信息。

进行评价和分析：根据收集到的数据和信息，对各指标进行评分和计算，得出综合评价结果。同时，对评价结果进行深入分析，找出存在的问题和不足，提出改进建议。

反馈和改进：将评价结果和改进建议反馈给民办高校的管理层与相关部门，促进其对内部控制问题的重视和改进。同时，根据反馈情况，对指标体系进行持续优化和改进。

（五）指标体系构建的注意事项

在构建民办高校内部控制评价指标体系时，应注意以下事项：

（1）指标应具有可比性和可量化性，便于不同学校之间的比较和分析。

（2）指标的选择和权重分配应充分考虑民办高校的特色和实际情况，避免"一刀切"。

（3）在评价过程中，应注重定性评价和定量评价的结合，全面反映内部控制的实际情况。

（4）指标体系应定期进行审查和更新，以适应民办高校内外部环境的变化和内部控制需求的发展。

四、内部控制评价的数据收集与分析

在民办高校的管理中，内部控制评价是一个至关重要的环节。通过有效的内部控制评价，可以确保学校的运营活动规范、高效，并降低潜在的风险。数据收集与分析作为内部控制评价的核心部分，对准确评估内部控制的效果和发现潜在问题具有重要意义。

（一）数据收集的重要性与原则

数据收集是内部控制评价的基础工作，其准确性和全面性直接影响到评价结果的可靠性。在民办高校中，内部控制评价的数据收集应遵循以下原则：

真实性原则：确保所收集的数据真实可靠，避免虚假数据对评价结果的干扰。

全面性原则：收集的数据应涵盖内部控制的各个方面和环节，确保评价的全面性。

时效性原则：收集的数据应反映内部控制的实时状态，避免过时数据对评价结果的误导。

（二）数据收集的方法与途径

在民办高校中，内部控制评价的数据收集可以通过多种方法和途径进行：

问卷调查：设计针对内部控制的问卷，向学校各部门和人员发放，收集他们对内部控制的看法和意见。

访谈法：与学校管理层、教职工和学生进行面对面或电话访谈，深入了解他们对内部控制的实际操作和体验。

文档查阅：查阅学校的规章制度、内部控制文件、会议记录等，了解内部控制的设计和实施情况。

观察法：对学校的运营活动进行实地观察，了解内部控制措施的实际执行情况。

系统数据提取：从学校的信息管理系统中提取与内部控制相关的数据，如财务数据、业务数据等。

（三）数据分析的方法与步骤

收集到数据后，需要进行深入的分析以揭示内部控制的实际情况和潜在问题。以下是数据分析的主要方法和步骤：

数据整理与分类：将收集到的数据进行整理，按照内部控制的不同方面进行分类，如控制环境、风险评估、控制活动等。

描述性分析：运用统计方法对数据进行描述性分析，如计算平均值、标准差等，了解内部控制各方面的基本情况。

对比分析：将实际数据与预设标准、历史数据或行业数据进行对比，找出差距和不足。

趋势分析：分析内部控制数据随时间的变化趋势，预测未来可能的发展方向和潜在风险。

因果分析：通过相关性分析、回归分析等方法，探究内部控制问题产生的原因和影响因素。

风险评估：结合风险矩阵、敏感性分析等方法，对内部控制中的风险进行定量和定性评估，确定风险等级和优先处理顺序。

（四）数据分析结果的应用

数据分析结果的应用是内部控制评价的重要环节。通过对数据的深入分析，可以得出以下应用结论：

（1）识别内部控制的薄弱环节和潜在风险，为学校管理层提供决策支持。

（2）指导学校改进内部控制措施，提升内部控制的有效性和效率。

（3）为学校的内部控制培训和宣传提供素材和案例，增强全校师生的内部控制意识。

（4）作为学校内部控制自我评价和外部审计的依据，展示学校内部控制的建设成果。

（五）数据收集与分析的注意事项

在进行数据收集与分析时，需要注意以下事项：

（1）确保数据的安全性和保密性，避免数据泄露和滥用。

（2）对收集到的数据进行严格的质量控制，确保数据的准确性和可靠性。

（3）在数据分析过程中，要充分考虑学校的实际情况和特点，避免机械套用一般性分析方法。

（4）数据分析结果应及时反馈给相关部门和人员，以便及时采取措施改进内部控制。

五、内部控制评价报告的撰写与发布

在民办高校管理体系中，内部控制评价报告是一项至关重要的工作成果。它不仅是学校内部控制体系建设成果的体现，也是对外展示学校内部控制水平、接受社会监督的重要途径。

（一）内部控制评价报告的撰写

1.报告内容

内部控制评价报告应包含以下内容：评价目的、评价范围、评价方法、评价发现、结论与建议等。评价目的应明确阐述本次评价的主要目标和预期成果；评价范围需详细描述评价所覆盖的内部控制领域和关键环节；评价方法应说明采用的具体评价技术和手段；评价发现是报告的核心部分，需详细列举评价过程中发现的问题和不足；结论与建议是对评价结果的总结和分析，提出有针对性的改进意见。

2.撰写原则

在撰写内部控制评价报告时，应遵循以下原则：

客观性原则：报告应客观反映学校内部控制的实际情况，避免主观臆断和偏见。

全面性原则：报告应涵盖内部控制的各个方面和环节，确保评价结果的全面性。

深入性原则：报告应对评价发现进行深入分析，揭示问题的根源和实质。

可读性原则：报告应使用简洁明了的语言，便于读者理解和接受。

3.撰写步骤

撰写内部控制评价报告的一般步骤如下：

收集资料：整理评价过程中收集的相关数据和信息，为撰写报告提供素材。

整理分析：对收集到的资料进行分类整理，分析内部控制的实际情况和存在的问题。

撰写初稿：根据分析结果，撰写报告的初稿，包括各部分的内容描述和结论建议。

审核修改：组织专家或相关部门对初稿进行审核，根据反馈意见进行修改完善。

审定发布：经学校管理层审定后，正式发布内部控制评价报告。

（二）内部控制评价报告的发布

1.发布目的

发布内部控制评价报告的目的在于向学校内外相关方传递学校内部控制的信息，展示学校在内部控制建设方面的成果和进步，同时接受社会监督，促进学校内部控制的持续优化。

2.发布方式

内部控制评价报告可以通过以下方式进行发布：

学校官方网站：将报告全文上传至学校官方网站，方便校内外人员查阅。

内部通报：通过学校内部会议、通报等方式，向全校师生传达报告内容。

新闻媒体：通过新闻稿、专访等形式，向媒体发布报告的核心内容和亮点。

监管机构：将报告报送至相关监管机构，接受其指导和监督。

3.发布注意事项

在发布内部控制评价报告时，需要注意以下事项：

确保报告的准确性和完整性，避免误导读者或引起不必要的争议。

注意报告的时效性和保密性，确保及时发布且不泄露敏感信息。

针对不同的发布方式和受众群体，采用适当的语言和表述方式，提高报告的可读性和接受度。

在发布后，积极回应社会各界的关注和反馈，对提出的问题和建议进行认真分析与改进。

（三）内部控制评价报告的应用与改进

内部控制评价报告的应用不仅限于对外展示和接受监督，更重要的是为学校管理层提供决策支持，推动内部控制的持续改进。学校应根据报告中的评价发现和结论建议，制定有针对性的改进措施，并落实责任人和时间表。同时，将改进措施的执行情况纳入学校的日常管理和考核体系，确保改进工作的有效实施。

此外，学校还应定期对内部控制评价报告进行回顾和总结，分析评价工作的成效和不足，为下一轮评价工作提供经验和借鉴。通过不断完善内部控制评价报告的撰写和发布机制，提高评价工作的质量和效率，为民办高校的稳健运营和持续发展提供有力保障。

六、内部控制评价方法的创新与发展

随着教育行业的快速发展和市场竞争的加剧，民办高校面临着越来越多的挑战和机遇。在这样的背景下，内部控制作为学校管理的重要组成部分，其评价方法的创新与发展显得尤为重要。

（一）内部控制评价方法的现状

目前，民办高校在内部控制评价方面主要采用传统的定性评价和定量评价相结合的方法。定性评价主要依赖于专家的经验和判断，通过对内部控制制度的文本分析、访谈调查等方式，对内部控制的有效性进行评估。定量评价则通过收集和分析财务数据、业务数据等，运用统计学和数学方法对内部控制的效率和风险进行量化评估。

然而，传统的内部控制评价方法存在一些问题。首先，定性评价过于依赖专家的主观判断，可能存在偏见和误判；其次，定量评价虽然能够提供较为客观的数据支持，但往往只能反映内部控制的某一方面或某一环节，难以全面反映内部控制的整体情况；最后，传统的评价方法缺乏对内部控制动态变化和持续改进的关注，难以为学校的内部控制建设提供有力的决策支持。

（二）内部控制评价方法的创新

为了解决传统评价方法存在的问题，民办高校需要积极探索内部控制评价方法的创新。具体来说，可以从以下几个方面入手：

1.引入大数据和人工智能技术

大数据和人工智能技术的发展为内部控制评价提供了新的思路和方法。通过收集和分析学校运营过程中的海量数据，可以更加全面、准确地评估内部控制的实际情况和存在的问题。同时，利用人工智能技术，可以对内部控制进行智能预警和预测，提前发现潜在风险并采取相应的措施。

2.强化风险导向的评价方法

传统的内部控制评价往往侧重对内部控制制度的合规性和完整性进行评估，而忽视对风险的关注。因此，可以借鉴风险管理的理念和方法，以风险为导向进行内部控制评价。通过识别、评估和应对学校运营过程中的各类风险，可以更加有针对性地改进内部控制措施，提高内部控制的有效性。

3.采用多元化的评价指标体系

单一的评价指标往往难以全面反映内部控制的实际情况。因此，可以建立多元化的评价指标体系，从多个角度对内部控制进行评价。这些指标可以包括财务指标、业务指标、合规指标等，以便更全面地反映内部控制的各个方面。

4.注重动态评价和持续改进

内部控制是一个动态的过程，需要不断地进行调整和优化。因此，内部控制评价方法应注重动态评价和持续改进。通过定期对内部控制进行评价和反馈，及时发现问题并采取相应的改进措施，可以不断完善学校的内部控制体系，提高内部控制的效率和效果。

（三）内部控制评价方法的发展趋势

随着数字化和智能化技术的广泛应用，内部控制评价将更加依赖大数据、人工智能等技术手段。这些技术可以帮助学校更加高效、准确地收集和分析数据，提高评价的效率和准确性。不同民办高校的内部控制体系存在差异，因此，未来的内部控制评价方法将更加注重个性化和定制化。学校可以根据自身的实际情况和需求，选择适合自己的评价方法和指标体系，以便更好地反映学校的内部控制特点和问题。

未来的内部控制评价方法将更加注重融合化和综合化。这包括将内部控制评价与其他管理评价进行融合，以及将内部控制评价与学校的发展战略进行结合。通过这样的融合和综合，可以更好地发挥内部控制在学校管理中的作用，推动学校的整体发展。

第三节　内部控制评价的结果分析

一、内部控制评价结果的解读与分析

在民办高校的运营管理中，内部控制评价是一项至关重要的工作。通过对内部控制体系的全面评估，可以了解学校内部控制的实际运行状况，发现潜在的风险和问题，从而为学校管理层提供决策依据，推动内部控制体系的优化和完善。

（一）内部控制评价结果的概述

内部控制评价结果是对学校内部控制体系运行效果的客观反映。通过评价，可以得到一系列关于内部控制有效性、合规性、风险控制等方面的结论和建议。这些结果通常以量化指标和定性描述的形式呈现，便于学校全面、系统地了解内部控制体系的整体状况。

（二）内部控制评价结果的详细解读

内部控制有效性评价主要关注学校内部控制体系的设计和执行是否能够达到预期的目标。评价结果可能包括各项控制活动的有效性评估，如财务管理、招生管理、教学管理等方面的内部控制是否健全、有效。通过解读这些结果，我们可以了解学校在哪些环节存在内部控制缺陷，进而采取相应的改进措施。

合规性评价主要考察学校内部控制体系是否符合国家法律法规、教育行业规范以及学校内部规章制度的要求。评价结果可能涉及学校在遵守相关法律法规方面的表现，以及内部规章制度是否得到严格执行。通过解读合规性评价结果，我们可以发现学校在法规遵守方面的薄弱环节，从而加强合规意识，提高内部控制的合规性。

风险控制评价主要关注学校内部控制体系在识别和应对风险方面的表现。评价结果可能包括风险识别、风险评估、风险应对等方面的内容。通过解读风险控制评价结果，我们可以了解学校在风险管理方面的能力和水平，发现潜在的风险隐患，从而制定有针对性的风险控制措施，降低学校运营风险。

（三）内部控制评价结果的分析与反思

通过对评价结果的深入分析，我们可以发现学校内部控制体系在某些方面表现出色，具有一定的优势和亮点。例如，学校可能在某些关键控制环节采取了有效的控制措施，或者在风险应对方面表现出较高的敏感性和应对能力。这些优势和亮点可以为学校其他内部控制工作提供借鉴和参考。

同时，评价结果也会揭示学校内部控制体系存在的不足和缺陷。这些不足可能表现为内部控制制度的缺失或不完善、控制活动的执行不到位、风险管理能力的薄弱等方面。针对这些问题，学校需要深入分析原因，制定具体的改进措施，并加强内部控制体系的持续优化和完善。

此外，我们还需要关注内部控制建设与学校发展战略的契合度。内部控制作为学校管理的重要组成部分，应当与学校的发展战略紧密相连，共同推动学校的稳健发展。因此，在解读评价结果时，我们需要思考内部控制体系是否与学校的发展战略相匹配，是否能够支持学校实现既定目标。如果存在偏差或不足，我们就需要及时调整内部控制策略，确保其与学校发展战略保持一致。

（四）改进建议与展望

基于以上对内部控制评价结果的解读与分析，我们提出以下改进建议与展望：

加强内部控制体系建设，完善相关制度和流程。针对评价结果中暴露的问题和不足，学校应制定具体的改进措施，加强内部控制体系的建设和完善。同时，要注重内部控制制度的更新和优化，确保其适应学校发展的需求。

加大内部控制执行力度，确保控制措施得到有效落实。学校应加强对内部控制执行情况的监督和检查，确保各项控制措施得到严格执行。对执行不到位的环节，要及时进行整改和纠正。

加强风险管理，提高风险应对能力。学校应建立健全风险管理体系，加强风险识别和评估工作，制定有效的风险应对措施。同时，要加强风险意识教育，提高全体员工的风险管理能力。

持续关注内部控制建设与学校发展战略的契合度。学校应定期评估内部控制体系与学校发展战略的匹配程度，及时调整内部控制策略，确保其与学校发展战略保持一致。

展望未来，随着教育行业的不断发展和市场竞争的加剧，民办高校将面临更多的机遇和挑战。因此，加强内部控制建设、提高内部控制水平将成为学校持续发展的重要保障。我们期待通过不断的努力和改进，推动民办高校的内部控制体系更加完善、高效和可持续。

二、内部控制缺陷的识别与归类

在民办高校的运营与管理中，内部控制体系扮演着至关重要的角色。它不仅能够保障学校的财务安全，还能提升学校的管理效率，促进学校的健康发展。然而，由于各种因素的影响，民办高校在内部控制方面往往存在一些缺陷。对这些缺陷进行准确的识别与归类，是完善内部控制体系、提升学校管理水平的关键步骤。

（一）内部控制缺陷的识别

识别内部控制缺陷是改进内部控制体系的首要任务。在民办高校中，内部控制缺陷可能表现为以下几个方面：

制度设计缺陷是指学校的内部控制制度在设计和制定时就存在的问题。这可能是由于制度制定者对内部控制的理解不足，或者对学校的实际情况了解不够深入，导致制度的内容与学校的实际需求脱节。例如，某些制度可能过于烦琐，导致执行效率低下；或者某些关键控制环节缺乏明确的制度规定，使得实际操作中容易出现漏洞。

执行缺陷是指虽然内部控制制度设计合理，但在实际执行过程中存在的问题。这可能是由于执行人员对制度的理解不足，或者对制度的执行力度不够，导致制度得不到有效的贯彻。此外，一些人员可能出于个人利益或其他原因，故意违反内部控制制度，造成内部控制失效。

监督与反馈缺陷是指学校在内部控制的监督和反馈机制方面存在的问

题。有效的监督和反馈机制能够及时发现内部控制的缺陷与问题，并采取相应的措施进行改进。然而，如果监督和反馈机制不健全，或者执行不力，就可能导致内部控制缺陷得不到及时发现和纠正。

（二）内部控制缺陷的归类

为了更好地理解和应对内部控制缺陷，我们需要对这些缺陷进行归类。根据缺陷的性质和原因，可以将民办高校的内部控制缺陷归为以下几类：

设计性缺陷主要源自内部控制制度的制定和设计过程，表现为制度本身的不足或缺陷。这类缺陷通常需要在制度层面进行修正和完善。执行性缺陷则主要发生在内部控制制度的执行过程中，可能是由于人员操作不当、执行力度不够或故意违反制度等原因造成的。对执行性缺陷，除了加强制度执行力度，还需要提高人员的内部控制意识和能力。

系统性缺陷是指那些影响整个内部控制体系运行效率和效果的缺陷，通常与制度设计、组织结构、信息系统等方面有关。这类缺陷往往涉及多个环节和部门，需要学校从整体上进行改进和优化。偶发性缺陷则是指那些由于特定原因或特殊情况导致的内部控制失效问题，这类缺陷通常具有偶然性和不确定性。对偶发性缺陷，学校需要建立有效的应急处理机制，及时应对并防止类似问题的再次发生。

财务风险缺陷主要涉及与财务活动相关的内部控制问题，如资金安全、财务报告的准确性等。这类缺陷可能导致学校的财务风险增加，影响学校的稳健运营。管理风险缺陷则是指与学校日常管理和决策相关的内部控制问题，如授权审批、信息沟通等。这类缺陷可能影响学校的管理效率和决策质量。

（三）内部控制缺陷的应对策略

针对不同类型的内部控制缺陷，学校需要采取不同的应对策略。对设计性缺陷，学校应重新审视和完善内部控制制度，确保其符合学校的实际情况和需求。对执行性缺陷，学校应加强内部控制制度的宣传和培训，提高人员的执行力和内部控制意识。对系统性缺陷，学校应从整体上进行改进和优化，提升内部控制体系的整体效能。对偶发性缺陷，学校应建立有效的应急处理机制，及时应对并防止类似问题的再次发生。

此外，学校还应加强内部控制的监督和评价工作，定期对内部控制体系进行评估和审计，及时发现并纠正存在的缺陷和问题。同时，学校还应建立健全内部控制信息的报告和沟通机制，确保内部控制信息的及时传递和有效沟通。

三、内部控制评价结果对管理层的决策支持

随着教育行业的不断发展和市场竞争的加剧，民办高校作为高等教育的重要组成部分，面临着日益严峻的挑战和机遇。在这样的背景下，内部控制作为学校管理的重要手段，对保障学校稳健运营、提升管理效率具有至关重要的作用。内部控制评价则是衡量内部控制体系有效性、发现潜在风险和问题的重要工具，其结果对管理层的决策具有重要的支持作用。

（一）内部控制评价结果与管理层决策的关系

内部控制评价是通过对学校内部控制体系的全面检查和评估，得出关于内部控制有效性、合规性、风险控制等方面的结论和建议。这些结果不仅反映了学校内部控制的实际状况，还为管理层提供了宝贵的决策依据。

首先，内部控制评价结果有助于管理层了解学校内部控制的整体状况。通过评价结果，管理层可以清晰地看到学校在各个控制环节的表现，从而全面把握内部控制的强弱项和潜在风险。这为管理层制定有针对性的改进措施提供了有力的支持。

其次，内部控制评价结果能够揭示学校运营过程中的风险和问题。通过评价，管理层可以及时发现潜在的风险隐患和违规行为，从而采取相应的风险应对措施和纠正措施。这有助于降低学校运营风险，保障学校的稳健发展。

最后，内部控制评价结果可以为管理层提供改进内部控制体系的建议和方向。评价结果中不仅包含了问题的描述，还提出了具体的改进措施和建议。管理层可以根据这些建议，有针对性地完善内部控制体系，提升学校的内部控制水平。

（二）内部控制评价结果对管理层决策的具体支持

内部控制评价结果有助于管理层在制定战略规划时更加科学、合理。通过对内部控制体系的评价，管理层可以了解学校在各方面的优势和不足，从而根据学校的实际情况制定符合自身特点的发展战略。同时，评价结果还可以为管理层的资源配置决策提供依据。管理层可以根据评价结果中反映的问题和风险，合理调整资源投入，优化资源配置，确保战略目标的顺利实现。

内部控制评价结果是管理层进行风险管理的重要依据。通过评价结果，管理层可以全面了解学校面临的各种风险，包括财务风险、运营风险、法律风险等。在此基础上，管理层可以制定相应的风险应对措施，如加强风险控制、完善风险预警机制等，以降低风险对学校运营的影响。此外，评价结果还可以帮助管理层评估风险的潜在影响和可能性，为决策提供更加全面、准确的信息支持。

内部控制评价结果为管理层完善内部控制体系提供了有力的支持。通过评价结果，管理层可以了解现有内部控制体系存在的问题和不足，进而制定出有针对性的改进措施。例如，针对评价中发现的制度缺陷或执行问题，管理层可以修订相关制度、加强培训或调整组织架构等。此外，评价结果还可以为管理层提供内部控制体系优化的方向和建议，推动内部控制体系的不断完善和提升。

（三）加强内部控制评价结果应用与提升决策支持效果的建议

管理层应充分认识到内部控制评价结果对于决策支持的重要性，将其视为提升学校管理水平和稳健发展的重要工具。在日常工作中，管理层应主动关注评价结果，认真分析其中的问题和建议，并将其纳入决策考虑范围。

学校应建立健全内部控制评价结果的沟通和反馈机制，确保评价结果能够及时、准确地传达给管理层和相关人员。同时，管理层应积极回应评价结果中的问题和建议，制定具体的改进措施并推动实施。通过加强沟通与反馈，促进内部控制评价结果与决策支持的有机结合。

为了提供更加准确、全面的决策支持信息，学校应不断提升内部控制评价工作的质量和水平。这包括加强评价人员的培训和能力提升、完善评价方法和手段、优化评价流程等。通过不断提升评价工作的专业性和科学性，为管理层的决策提供更加可靠、有效的支持。

四、内部控制评价结果对风险控制的影响

在民办高校的运营过程中，内部控制评价作为衡量内部控制体系有效性的重要手段，其结果对风险控制产生着深远的影响。内部控制评价不仅有助于学校管理层全面了解内部控制的现状，还能为风险控制提供有力的支持和指导。

（一）内部控制评价结果的解读

内部控制评价是一个系统性、全面性的过程，其结果通常包括对学校内部控制体系的设计和执行情况的评估，以及潜在风险和问题的识别。通过内部控制评价，学校可以了解到哪些环节存在控制不足或缺失，哪些流程可能存在风险隐患。这些评价结果对学校管理层来说，是识别风险、制定风险控制策略的重要依据。

（二）内部控制评价结果对风险控制的直接影响

内部控制评价能够精确地识别出学校运营过程中存在的各类风险，包括财务风险、运营风险、法律风险等。评价结果中的风险点提示，使得管理层在风险控制时能够更有针对性地进行分析和评估，避免出现在风险识别过程中的遗漏和误判。基于内部控制评价的结果，管理层可以制定出更加具有针对性的风险应对策略。例如，对评价中发现的内部控制缺失或不足，管理层可以加强相关控制环节的建设和完善；对已经存在的风险问题，可以制定相应的风险缓释措施，以降低风险对学校运营的影响。

内部控制评价不仅关注风险的存在与否，还关注风险的变化趋势和可能的影响。评价结果中的风险等级划分和风险变化趋势分析，为管理层提供了有效的风险监控和报告依据。这使得管理层能够及时了解风险的动态

变化，采取相应的应对措施，确保风险控制在可接受的范围内。

（三）如何利用内部控制评价结果优化风险控制

针对内部控制评价中发现的问题和不足，学校应加强对内部控制体系的建设和完善。通过修订相关制度、优化流程、加强人员培训等方式，提升内部控制的有效性和执行力。一个健全的内部控制体系能够为风险控制提供坚实的基础。基于内部控制评价的结果，学校可以建立风险预警机制，对潜在风险进行实时监控和预警。通过设定风险阈值和监测指标，及时发现并应对可能出现的风险问题。这有助于学校管理层在风险发生前采取预防措施，降低风险对学校运营的影响。

内部控制评价的结果可以作为学校风险意识和文化建设的重要参考。通过向全体员工传达评价结果中的风险信息和风险控制要求，提高员工对风险的认识和重视程度。同时，加强风险管理和内部控制方面的培训与教育，提升员工的风险防范能力和意识水平。

（四）内部控制评价结果应用中面临的挑战与对策

尽管内部控制评价结果对风险控制具有显著的影响，但在实际应用过程中也面临着一些挑战。例如，评价结果可能存在主观性和偏差，需要谨慎对待；评价结果的应用需要管理层的高度重视和积极推动。为了应对这些挑战，学校可以采取以下对策：一是加强评价人员的专业能力和独立性，确保评价结果的客观性和准确性；二是建立评价结果应用的激励机制和责任追究机制，推动管理层积极应用评价结果优化风险控制；三是加强内部控制评价和风险控制之间的沟通与协作，并形成合力，共同推动学校风险管理的提升。

五、内部控制评价结果的比较与借鉴

随着我国高等教育市场的不断扩大和民办高校的快速发展，内部控制作为学校管理的重要组成部分，其评价结果对提升学校管理水平和风险控制能力具有重要意义。通过对不同民办高校内部控制评价结果的比较，我们可以发现其中的共性和差异，进而借鉴优秀经验，优化自身内部控制体系。

（一）内部控制评价结果的比较

在比较不同民办高校的内部控制评价结果时，我们可以从以下几个方面进行考察：

不同民办高校在内部控制体系建设的完整性方面存在差异。一些学校建立了较为完善的内部控制体系，包括制度建设、流程规范、风险管理等方面；另一些学校则可能存在内部控制体系不完整、制度缺失或执行不到位等问题。通过比较这些学校的评价结果，我们可以发现内部控制体系建设的完整性与学校的管理水平和风险控制能力密切相关。

内部控制执行的有效性是评价内部控制体系质量的关键指标。一些民办高校在内部控制执行方面表现出色，能够严格执行各项制度和流程，确保内部控制的有效性；另一些学校则可能存在执行不力、违规操作等问题。通过比较这些学校的评价结果，我们可以发现内部控制执行的有效性对防范风险、保障学校稳健运营具有重要意义。

风险管理和应对能力是衡量内部控制体系质量的重要方面。不同民办高校在风险管理和应对能力方面存在差异。一些学校建立了较为完善的风险管理机制，能够及时发现和应对潜在风险；另一些学校则可能存在风险管理不到位、应对能力不足等问题。通过比较这些学校的评价结果，我们可以发现风险管理和应对能力对提升学校整体运营效率和稳健性具有关键作用。

（二）内部控制评价结果的借鉴

通过对不同民办高校内部控制评价结果的比较，我们可以借鉴其中的优秀经验，优化自身内部控制体系。具体来说，可以从以下几个方面进行借鉴：

借鉴内部控制体系建设较为完善的学校经验，我们可以加强自身的制度建设、流程规范等方面的工作。通过完善内部控制体系，确保各项管理活动有法可依、有章可循，降低管理风险。

借鉴内部控制执行有效的学校经验，我们可以加大内部控制的执行力度，确保各项制度和流程得到严格执行。通过加强内部控制的培训和宣传，提高全体员工的内部控制意识和执行力，确保内部控制的有效性。

借鉴风险管理和应对能力较强的学校经验，我们可以建立和完善自身的风险管理机制，提高风险识别和应对能力。通过制定风险应对策略和预案，及时应对可能出现的风险问题，保障学校的稳健运营。

（三）借鉴过程中的注意事项

在借鉴其他民办高校内部控制评价结果的优秀经验时，我们需要注意以下几点：

不同民办高校在办学规模、管理模式、运营环境等方面存在差异，因此在借鉴其他学校经验时，需要结合自身实际情况进行分析和选择。避免盲目模仿或照搬他人经验，导致"水土不服"或适得其反。

内部控制体系的建设和执行是一个持续改进与优化的过程。在借鉴其他学校经验的同时，我们也需要关注自身内部控制体系存在的问题和不足，及时进行调整和改进。通过不断完善内部控制体系，提升学校的整体管理水平和风险控制能力。

六、内部控制评价结果的应用与持续改进

在民办高校的运营过程中，内部控制评价结果不仅是评估学校内部控制体系有效性的重要指标，也是推动内部控制体系不断完善和优化的关键所在。内部控制评价结果的应用与持续改进，有助于学校管理层更好地把握内部控制现状，识别潜在风险，并有针对性地制定改进措施，从而确保学校的稳健运营和持续发展。

（一）内部控制评价结果的应用

内部控制评价结果的应用，主要体现在以下几个方面：

内部控制评价能够揭示学校运营过程中存在的各类风险点，为管理层制定风险管理与控制策略提供重要依据。通过对评价结果的深入分析，管理层可以识别出高风险领域和关键环节，从而有针对性地加强风险管理和控制，降低潜在风险对学校运营的影响。同时内部控制评价结果还可以反

映学校资源配置的效率和运营流程的有效性。通过评价结果的分析，管理层可以发现资源配置不合理或运营流程不畅通的环节，进而调整资源配置方案，优化运营流程，提升学校的运营效率。

内部控制评价结果的公示和应用，有助于加强学校内部各部门之间的沟通与协作。通过共同分析评价结果，各部门可以明确各自在内部控制体系中的职责和定位，形成合力，共同推动学校内部控制水平的提升。

（二）内部控制评价的持续改进

内部控制评价的持续改进，是确保内部控制体系不断完善和优化的重要环节。具体而言，持续改进可以从以下几个方面入手：

随着学校运营环境的不断变化和内部控制要求的日益提高，原有的评价标准和指标体系可能不再适用。因此，学校需要定期对评价标准和指标体系进行审查与更新，确保其能够全面、准确地反映学校内部控制体系的实际状况。内部控制评价是一项专业性强、技术性高的工作，需要评价人员具备扎实的专业知识和丰富的实践经验。学校应加强对评价人员的专业能力培训，提升其专业素养和评价技能，确保评价结果的客观性和准确性。

内部控制评价结果的应用和持续改进，离不开对评价结果的反馈与整改落实。学校应建立健全评价结果反馈机制，及时将评价结果反馈给相关部门和人员，并督促其认真整改落实。同时，学校还应建立跟踪检查机制，对整改落实情况进行定期检查和评估，确保整改措施得到有效执行。另外，内部控制评价的持续改进还应与学校文化建设相结合。通过加强内部控制理念的宣传和普及，提高全体员工的内部控制意识和参与度，形成全校共同关注、共同参与内部控制的良好氛围。这有助于推动内部控制评价工作的深入开展，促进学校内部控制体系的不断完善。

（三）持续改进过程中面临的挑战与对策

在内部控制评价的持续改进过程中，学校可能会面临一些挑战，如评价标准更新的滞后、评价人员专业能力的不足、整改落实的困难等。为了应对这些挑战，学校可以采取以下对策：

针对评价标准更新的滞后问题，学校可以建立动态调整机制，根据外部环境的变化和内部需求的发展，及时调整评价标准和指标体系，确保其与时俱进。

针对评价人员专业能力的不足问题，学校可以加强专业团队建设，引进和培养一批具备较高专业素养和评价技能的人才，为内部控制评价工作提供有力支持。

针对整改落实的困难问题，学校可以强化责任追究与激励机制，明确各部门和人员在内部控制评价中的职责和义务，对整改落实不力的情况进行问责和处罚；对在内部控制评价中表现突出的部门和个人给予表彰与奖励，激发其积极性和创造性。

第四节　内部控制优化策略与实施

一、内部控制优化的目标与原则

随着民办高校的快速发展，其内部控制体系的建设与优化显得尤为重要。内部控制作为保障民办高校稳健运营、提高管理效率、防范风险的重要手段，其优化工作不仅关系到学校的日常运营，还直接影响到学校的长远发展和声誉。因此，明确民办高校内部控制优化的目标与原则，对指导学校实践、提升管理水平具有重要意义。

（一）民办高校内部控制优化的目标

内部控制的首要目标是确保学校的各项运营活动符合法律法规的要求，避免因违规行为而引发的法律风险。通过优化内部控制，学校可以建立健全的规章制度，规范教职工和学生的行为，确保学校的运营活动合法合规。优化内部控制可以帮助学校更加高效地配置资源，减少不必要的浪费和损失，提高运营效率。通过优化业务流程、加强部门间的沟通与协作、提升员工的工作效率等，学校可以更加高效地完成教学任务、科研活动和管理工作。

内部控制的核心目标之一是风险管理。通过优化内部控制，学校可以更加准确地识别、评估和控制风险，降低潜在损失，确保学校的稳健运营。

这包括财务风险、教学风险、学生管理风险等多个方面。内部控制的优化有助于提升学校的管理水平和声誉，增强学校的竞争力，为学校的可持续发展奠定坚实基础。通过建立健全的内部控制体系，学校可以形成良好的治理机制，为学校的长远发展提供有力保障。

（二）民办高校内部控制优化的原则

内部控制应涵盖学校的所有业务活动和管理环节，确保没有遗漏和盲区。同时，内部控制应贯穿学校运营的始终，从计划、执行到监督、反馈等各个环节都应得到有效控制。在优化内部控制时，学校应重点关注高风险领域和关键环节，确保这些领域的内部控制得到有效加强。对一般风险领域和环节，也应保持适当的控制力度，以实现整体风险的有效控制。

内部控制应在部门之间、岗位之间形成相互制约、相互监督的机制，防止权力过于集中和滥用。通过合理的职责划分和权力配置，确保内部控制的有效性和公正性。内部控制应根据学校实际情况和外部环境的变化进行调整与优化。随着学校的发展和市场环境的变化，原有的内部控制体系可能不再适用。因此，学校应定期对内部控制进行评估和改进，确保其适应性和有效性。

在优化内部控制时，学校应充分考虑成本效益原则。内部控制的优化不应过于烦琐和复杂，以免增加不必要的成本。同时，也不应过于简单和粗糙，以免影响内部控制的有效性。学校应根据实际情况权衡利弊，选择合理的控制方法和手段。

（三）实现民办高校内部控制优化目标的策略

学校应树立内部控制意识，加强内部控制文化的建设。通过宣传和教育活动，使全体教职工和学生认识到内部控制的重要性，自觉遵守内部控制规定，形成全员参与、共同维护内部控制的良好氛围。学校应建立健全内部控制制度体系，明确各项业务的操作流程、职责分工和风险控制要求。同时，加强对制度的执行和监督，确保制度得到有效落实。对违反制度的行为，应严肃处理，形成有效的威慑力。

学校应加强对内部控制执行情况的监督和检查，及时发现和解决在执行中出现的问题。对关键岗位和环节，应实行重点监控和定期审计，确保内部控制的有效执行。随着信息技术的不断发展，学校应积极采用先进的内部控制技术手段，如信息系统、数据分析等，提高内部控制的效率和准确性。通过信息化手段，实现对学校运营活动的实时监控和数据分析，为决策提供有力支持。

二、内部控制优化的关键领域与重点

随着教育行业的快速发展和市场竞争的加剧，民办高校作为高等教育的重要组成部分，其内部控制体系的建设与优化显得尤为重要。内部控制作为保障学校稳健运营、提高管理效率、防范风险的重要手段，其优化工作不仅关系到学校的日常运营，还将直接影响到学校的长远发展和声誉。因此，明确民办高校内部控制优化的关键领域与重点，对指导学校实践、提升管理水平具有重要意义。

（一）民办高校内部控制优化的关键领域

财务管理是内部控制的核心领域之一，涉及学校的资金筹措、使用、管理和监督等方面。优化财务管理领域的内部控制，应关注财务制度的完善、财务流程的规范、财务风险的防范，以及财务信息的透明度和准确性。通过建立健全的财务管理制度，加强财务人员的培训和监督，提高财务管理的效率和水平，确保学校财务活动的合规性和稳健性。

教学作为民办高校的核心业务，其管理水平和质量直接关系到学校的声誉与发展。优化教学管理领域的内部控制，应关注教学计划的制订与执行、教学质量的监控与评估、教学资源的配置与管理等方面。通过完善教学管理制度，加强教学过程的监控和评估，提升教师的教学水平和学生的学习效果，确保教学质量的稳步提升。

招生与就业是民办高校的重要工作，对学校的生源质量和毕业生就业率具有重要影响。优化招生与就业管理领域的内部控制，应关注招生政策的制定与执行、招生渠道的拓展与管理、就业信息的收集与发布等方面。通过建立健全的招生与就业管理制度，加强招生与就业工作的监督和评估，提高招生与就业工作的质量和效率，为学校的可持续发展提供有力支持。

科研与项目管理是民办高校提升学术水平和创新能力的重要途径。优化科研与项目管理领域的内部控制，应关注科研项目的申报与评审、科研资金的筹措与使用、科研成果的转化与推广等方面。通过完善科研与项目管理制度，加强科研过程的监管和评估，提高科研项目的质量和效益，为学校的学术发展和创新能力提升提供有力保障。

（二）民办高校内部控制优化的重点

风险识别与评估是内部控制优化的基础。民办高校应建立完善的风险管理机制，通过定期的风险识别与评估，及时发现潜在风险并制定相应的应对措施。同时，学校还应关注风险的变化和趋势，动态调整风险管理策略，确保风险得到有效控制。

内部控制制度的完善与执行是内部控制优化的核心。民办高校应建立健全内部控制制度体系，明确各项业务的操作流程、职责分工和风险控制要求。同时，加强对制度的执行和监督，确保制度得到有效落实。对违反制度的行为，应严肃处理，形成有效的威慑力。

随着信息技术的快速发展，信息系统已成为民办高校内部控制的重要载体。优化信息系统的建设与管理，应关注信息系统的安全性、稳定性和可靠性。学校应加强对信息系统的投入和维护，确保信息系统的正常运行和数据安全。同时，利用信息系统进行数据的收集、分析和报告，提高内部控制的效率和准确性。

内部控制文化是内部控制优化的重要保障。民办高校应树立内部控制意识，加强内部控制文化的培育与传承。通过宣传和教育活动，使全体教职工认识到内部控制的重要性，自觉遵守内部控制规定，形成全员参与、共同维护内部控制的良好氛围。同时，将内部控制文化融入学校的办学理念和发展战略中，确保内部控制工作的持续推进和优化。

（三）实现民办高校内部控制优化重点的策略

学校应成立专门的内部控制优化工作小组，由校领导亲自挂帅，相关部门负责人共同参与，确保优化工作的顺利推进。同时，加强部门之间的沟通与协调，形成工作合力，共同推动内部控制的优化工作。

通过定期举办内部控制培训班、研讨会等活动，提高教职工对内部控制的认识和理解。同时，利用学校官方网站、微信公众号等渠道，宣传内部控制的重要性和优化成果，营造良好的内部控制氛围。

借助外部审计机构的专业力量，对学校内部控制体系进行全面检查和评估，发现存在的问题和不足。同时，引入咨询服务机构，为学校提供内部控制优化方案和建议，推动学校内部控制体系的不断完善。

三、内部控制优化的方法与手段

在民办高校的运营过程中，内部控制作为确保学校稳健运行、提高管理效率、防范风险的重要手段，其优化工作具有至关重要的意义。通过优化内部控制，学校可以更加有效地配置资源，规范业务流程，降低潜在风险，从而确保学校的长期健康发展。

（一）内部控制优化的基本方法

首先，需要对学校现有的内部控制制度进行全面梳理，识别出制度中的漏洞和不足。在此基础上，结合学校的实际情况和发展目标，对制度进行完善和优化。这包括修订过时的条款、补充新的内容、明确职责和权限等，以确保制度的有效性和适用性。针对学校内部的业务流程，可以通过流程优化和再造来提高工作效率和质量。这包括简化烦琐的流程、消除不必要的环节、优化决策流程等。其次，引入信息化手段，如使用办公自动化系统、数据分析工具等，可以进一步提高流程的自动化和智能化水平。

风险识别与应对是内部控制优化的重要环节。学校应建立风险识别机制，定期对各项业务活动进行风险评估。对识别出的风险，制定相应的应对措施，如加强监控、建立预警机制、制定应急预案等，以降低风险对学校运营的影响。内部控制的有效执行离不开人员的支持和配合。因此，学校应加强对教职工的内部控制培训，提高他们的内部控制意识和能力。同时，通过选拔和培养具备专业素养和职业道德的优秀人才，提升内部控制团队的整体素质，为内部控制的优化提供有力保障。

（二）内部控制优化的具体手段

借鉴国际先进的内部控制框架，如COSO框架等，结合学校的实际情况，构建适合学校的内部控制体系。这有助于学校系统地梳理和优化内部控制流程，确保内部控制的完整性和有效性。学校可以建立内部控制自我评价机制，定期对内部控制体系进行自我检查和评价。通过自我评价，发现内部控制体系中的问题和不足，及时制定改进措施，推动内部控制体系的不断完善。

内部审计是确保内部控制有效执行的重要手段。学校应设立独立的内部审计机构，对学校的内部控制体系进行定期审计和评估。同时，加强外部审计机构的合作，引入第三方审计力量，对学校的内部控制体系进行全面检查和监督。信息化手段可以显著提高内部控制的效率和质量。学校应充分利用信息技术，如建立内部控制信息系统、使用大数据分析工具等，对内部控制活动进行实时监控和数据分析。这有助于学校及时发现和应对潜在风险，提高内部控制的精准性和有效性。

内部控制文化是内部控制体系的重要组成部分。学校应注重内部控制文化的培育和建设，通过宣传和教育活动，提高全体教职工的内部控制意识和责任感。同时，将内部控制文化融入学校的办学理念和发展战略中，形成具有学校特色的内部控制文化氛围。

（三）内部控制优化过程中的注意事项

在优化内部控制时，学校应注重实效性和可操作性。制定的内部控制措施应紧密结合学校的实际情况和业务需求，避免过于烦琐或脱离实际。同时，要确保内部控制措施具有可操作性，能够被教职工有效执行。

内部控制优化需要投入一定的成本，包括人力、物力和财力等。学校应在优化过程中充分考虑成本效益原则，确保投入的成本与取得的效益相匹配。避免过度投入导致资源浪费或投入不足影响内部控制效果。内部控制优化是一个持续的过程，需要学校根据内外部环境的变化和业务发展的需求进行动态调整。学校应建立内部控制优化的长效机制，定期对内部控制体系进行评估和改进，确保其始终保持与时俱进的状态。

四、内部控制优化的实施步骤与时间表

随着教育行业的不断发展，民办高校作为高等教育的重要组成部分，其内部控制体系的优化显得尤为关键。内部控制的优化不仅能够提升学校的管理水平，还能够有效防范风险，保障学校的稳健运营。因此，明确内部控制优化的实施步骤与时间表，对指导学校实践、确保优化工作的有序进行具有重要意义。

（一）内部控制优化的实施步骤

1.前期准备阶段

（1）成立优化工作小组：组建由学校高层领导、财务部门、教学管理部门、科研部门等相关人员组成的内部控制优化工作小组，明确各成员职责，确保优化工作的顺利进行。

（2）梳理现有内部控制体系：对学校现有的内部控制体系进行全面梳理，包括制度、流程、风险管理等方面，识别出存在的问题和不足。

（3）制订优化方案：结合学校的实际情况和发展目标，制订内部控制优化的具体方案，明确优化的目标、内容、方法和时间节点。

2.实施阶段

（1）完善内部控制制度：根据优化方案，对现有的内部控制制度进行修订和完善，确保制度的时效性和适用性。

（2）优化业务流程：针对关键业务流程进行梳理和优化，简化烦琐环节，提高业务处理效率。

（3）加强风险管理：建立健全风险识别、评估、应对和监控机制，确保学校能够及时发现并应对潜在风险。

（4）引入信息化手段：利用信息技术手段，如建立内部控制信息系统、使用数据分析工具等，提高内部控制的效率和准确性。

3.评估与改进阶段

（1）进行内部控制自我评价：定期对学校的内部控制体系进行自我检查和评价，发现存在的问题和不足。

（2）接受外部审计与监督：邀请外部审计机构对学校的内部控制体系

进行审计和评估，获取客观意见和建议。

（3）持续改进与调整：根据自我评价和外部审计的结果，对内部控制体系进行持续改进和调整，确保其适应学校的发展需求和市场环境的变化。

（二）内部控制优化的时间表

为了确保内部控制优化工作的有序进行，需要制定详细的时间表。以下是一个示例性的时间表，具体的时间安排可以根据学校的实际情况进行调整。前期准备阶段（1~2个月）；成立优化工作小组，明确职责和任务（第1周）；梳理现有内部控制体系，识别问题和不足（第2~4周）；制订内部控制优化方案，明确目标和内容（第5~8周）；实施阶段（3~6个月）；完善内部控制制度，修订过时条款，补充新内容（第1~2个月）；优化关键业务流程，简化环节，提高效率（第3个月）；加强风险管理，建立风险识别与应对机制（第4个月）；引入信息化手段，建立内部控制信息系统（第5~6个月）；评估与改进阶段（持续进行）；定期进行内部控制自我评价，发现问题并改进（每季度一次）；接受外部审计与监督，获取客观意见和建议（每年一次）；根据评估结果和外部审计意见，持续改进内部控制体系（持续进行）。

需要注意的是，内部控制优化是一个持续的过程，需要学校不断地进行调整和改进。因此，在时间表的设计上应考虑到这一点，确保评估与改进阶段能够持续进行，以便及时发现并解决内部控制体系中存在的问题。

（三）实施步骤与时间表的注意事项

在实施内部控制优化的过程中，学校应确保有足够的专业人员参与，并对他们进行必要的培训。这包括内部控制理论、风险管理、信息技术等方面的培训，以提升他们的专业素养和执行能力。内部控制优化需要投入一定的资源，包括人力、物力和财力。学校应根据优化方案和时间表，合理分配资源，确保优化工作的顺利进行。同时，要避免资源的浪费和重复投入。

内部控制优化涉及多个部门和人员，需要加强部门之间的沟通与协作。学校应建立有效的沟通机制，确保信息的畅通和共享。同时，各部门应积极配合优化工作小组的工作，共同推动内部控制体系的优化。虽然制定了详细的时间表，但在实际操作中可能会遇到各种不可预见的情况。因此，学校应根据实际情况灵活调整时间表，确保优化工作的顺利进行。同时，要保持对时间表的监控和评估，及时发现并解决问题。

五、内部控制优化过程中的风险管理与应对

在民办高校的运营和发展过程中，内部控制的优化是确保学校稳健、高效运行的关键环节。然而，在内部控制优化的实施过程中，不可避免地会面临各种风险和挑战。因此，有效地进行风险管理和应对，对保障内部控制优化工作的顺利进行具有重要意义。

（一）内部控制优化过程中的主要风险

在内部控制优化的过程中，如果新制定的制度与实际业务操作脱节，或者制度更新不及时，可能导致学校运营中的风险增加。此外，制度执行不力或存在漏洞，也可能为内部人员提供违规操作的空间，从而损害学校的利益。业务流程的梳理和优化是内部控制优化的重要内容。然而，在流程优化过程中，如果未能充分考虑实际情况和业务需求，就可能导致流程设计不合理，影响工作效率。同时，新流程的实施可能引发操作风险，如员工对新流程不熟悉导致的操作失误。

随着信息化手段在内部控制中的应用越来越广泛，信息风险也逐渐凸显。信息系统存在漏洞或被黑客攻击，可能导致重要数据泄露或丢失，对学校运营造成严重影响。此外，信息系统的稳定性和可靠性问题也可能影响内部控制的有效性。内部控制的优化和实施需要专业人员的参与和支持。然而，如果人员配备不足或人员素质不高，就可能导致优化工作推进缓慢或效果不佳。同时，人员的道德风险也是不容忽视的问题，如内部人员利用职务之便进行违规操作。

（二）风险管理与应对策略

建立健全风险管理制度是风险管理和应对的基础。学校应制定完善的风险管理政策，明确风险管理的目标和原则，规范风险管理流程。同时，

建立风险识别、评估、应对和监控机制，确保对各类风险进行全面、系统的管理。

针对流程风险，学校应加强对业务流程的梳理和优化工作，确保流程设计的合理性和有效性。同时，建立流程监控机制，对业务流程进行实时监控和数据分析，及时发现并应对潜在风险。此外，加强员工对新流程的培训和教育，提高员工的操作技能和风险意识。

对信息风险，学校应重视信息系统的安全管理工作。加强信息系统的安全防护措施，如防火墙、入侵检测等，确保信息系统的安全稳定运行。同时，定期对信息系统进行漏洞扫描和风险评估，及时发现并修复安全漏洞。此外，建立数据备份和恢复机制，以防数据丢失或损坏。

人员风险的管理和应对需要从提升人员素质和道德水平入手。学校应加强对内部控制专业人员的培养和引进力度，提高优化工作队伍的整体素质。同时，加强员工的职业道德教育和培训，提高员工的道德水平和风险意识。此外，建立严格的奖惩机制，对违规行为进行严肃处理，以维护内部控制的严肃性和有效性。

为了有效应对可能出现的风险事件，学校应建立风险应对预案。预案应包括风险事件的识别、评估、应对和报告等环节，明确各部门在风险应对中的职责和协作机制。同时，定期进行预案演练和评估，确保预案的可行性和有效性。

六、内部控制优化效果的评估与反馈

随着民办高校的不断发展，内部控制体系的优化已成为学校提升管理效能、防范风险的重要手段。然而，优化工作的实施并非一蹴而就，需要不断地进行评估与反馈，以确保优化效果的实现与持续改进。

（一）内部控制优化效果评估的重要性

内部控制优化效果的评估是检验优化工作成果、发现问题与不足的重要环节。通过评估，学校可以了解内部控制体系在实际运行中的效果，判断优化措施是否达到预期目标，从而为后续的优化工作提供有力支撑。同时，评估结果还可以为学校管理层提供决策依据，帮助他们更好地把握学校内部控制的现状与未来发展方向。

（二）内部控制优化效果评估的方法与步骤

为了全面、客观地评估内部控制优化效果，学校需要设定一系列评估指标。这些指标应涵盖内部控制的各个方面，如制度完善性、流程效率、风险管理效果等。同时，指标应具有可操作性和可衡量性，以便进行量化分析和比较。评估数据的收集是评估工作的基础。学校可以通过问卷调查、访谈、实地观察等方式，收集内部控制体系运行的相关数据和信息。这些数据和信息应涵盖学校各部门、各业务流程的实际情况，以确保评估的全面性和准确性。

在收集到足够的数据后，学校需要对这些数据进行深入的分析和比较。通过对比优化前后的数据变化，学校可以了解优化措施的实际效果，发现存在的问题和不足。同时，学校还可以将自身数据与同行业其他学校进行比较，以了解自身在内部控制方面的优势和劣势。根据数据分析结果，学校应撰写详细的评估报告。报告应客观、全面地反映内部控制优化效果的实际情况，包括优化成果、存在的问题、原因分析以及改进建议等。报告应为学校管理层提供决策支持，也为后续的优化工作提供指导。

（三）内部控制优化效果的反馈与应用

为确保评估结果的有效应用，学校应建立内部控制优化效果的反馈机制。该机制应明确反馈渠道、反馈方式和反馈对象，确保评估结果能够及时、准确地传达给相关部门和人员。同时，学校还应建立定期反馈制度，以便对内部控制体系的运行情况进行持续跟踪和监控。反馈内容应包括评估报告中的主要发现、优化建议以及改进措施等。学校应将反馈内容传达给相关部门和人员，要求他们认真分析问题、落实改进措施。另外，学校还应将反馈内容纳入内部控制体系的持续改进计划，为未来的优化工作提供指导。

为激发相关部门和人员参与内部控制优化工作的积极性，学校应建立相应的激励与约束机制。对在优化工作中表现突出的部门和个人，学校应给予表彰和奖励；对工作不力、未能有效落实优化措施的部门和个人，学校应采取相应的约束措施，如通报批评、限期整改等。

（四）持续改进与未来展望

内部控制优化是一个持续的过程，学校应不断总结经验、发现问题、改进工作。通过定期的评估与反馈，学校可以不断完善内部控制体系，提升管理效能和风险防范能力。同时，随着教育行业的不断发展和市场环境的不断变化，学校还应关注内部控制领域的新动态和新要求，及时调整优化策略和方向。

参考文献

[1]陈焕娣.高校内部控制建设及典型案例[M].苏州：苏州大学出版社，2022.

[2]易艳红.高校内部控制与风险防范[M].北京：国家行政学院出版社，2019.

[3]查道林.高校内部控制风险点梳理和基本制度框架参考[M].武汉：中国地质大学出版社，2017.

[4]陈竹.高校内部控制分析与设计[M].北京：兵器工业出版社，2005.

[5]张庆龙.高校内部控制建设实施操作指南[M].北京：经济科学出版社，2018.

[6]王刚.高校财务内部控制制度研究[M].太原：山西经济出版社，2023.

[7]刘盈池.高校财务内部控制与绩效管理研究[M].北京：新华出版社，2022.

[8]石彬.高校财务内部控制的问题与对策研究[M].延吉：延边大学出版社，2022.

[9]辛妍.高校财务风险管理与内部控制[M].郑州：河南人民出版社，2020.

[10]刘罡.高校财务内部控制实务[M].北京：中国农业大学出版社，2018.

[11]洪涛，戴永秀，王希.高校财务内部控制建设与风险防控体系研究[M].北京：中国财富出版社，2019.

[12]邵积荣.高校经济活动内部控制研究[M].广州：羊城晚报出版社，2017.

[13]李兆龙.我国高校内部控制审计研究[M].北京：中国财政经济出版社，2024.

[14]沈烈，谭芳碧.高校内部控制转型与创新研究[M].北京：中国财政经济出版社，2020.

[15]钟佳.高校内部控制实务[M].成都：电子科技大学出版社，2017.

[16]张浩.地方高校内部控制建设实施操作指南[M].吉林：吉林出版集团股份有限公司，2020.